Micha-El Goehre

# Wenn das Leben dir Limonade gibt, mach Zitronen draus!

# Micha-El Goehre

# Wenn das **Leben** dir **Limonade** gibt, mach **Zitronen** draus!

**Geschichten**

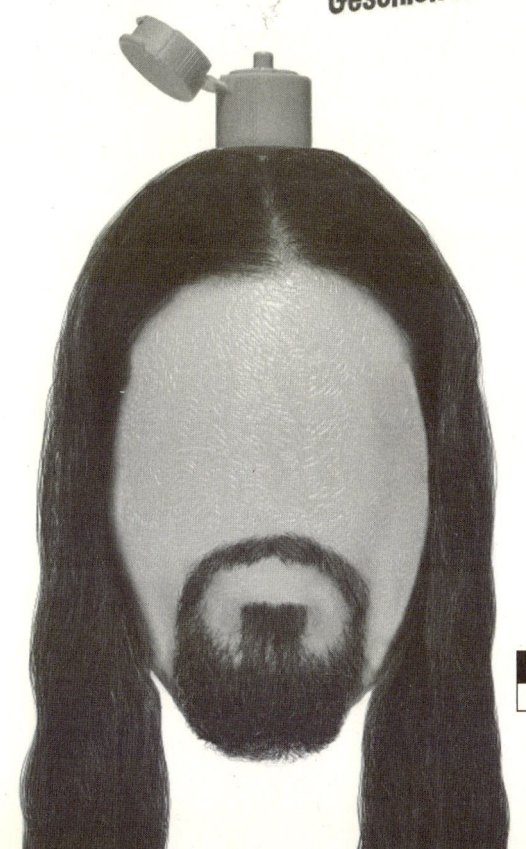

**SATYR VERLAG**

## Micha-El Goehre

wurde 1975 geboren, kommt aus Ostwestfalen und lebt in Essen. Er liest vor (auf Lesebühnen, bei Poetry Slams), legt auf (Heavy Metal), schreibt und moderiert. Mit seiner »Jungsmusik«-Romantrilogie um eine Clique Heavy-Metal-Fans landete er einen bei Publikum und Musikpresse viel beachteten Hit.
»Der Mann verbindet Kennerblick mit Komik.« *(Melodie & Rhythmus)*

Bei Satyr erschienen:
– *Jungsmusik* (2011)
– *Höllenglöcken* (2013)
– *Wenn das Leben kein Ponyhof ist, warum liegt dann Stroh in der Ecke?* (2014)
– *Straßenköter* (2018)

1. Auflage März 2019

© Satyr Verlag Volker Surmann, Berlin 2019
www.satyr-verlag.de

Cover: Marvin Ruppert
Autorenfotos Backcover: Katja Blondin (www.katja-blondin.de)
Druck: CPI Books, Clausen & Bosse, Leck
Printed in Germany

Die Deutsche Nationalbibliothek verzeichnet diese Publikation in der Deutschen Nationalbibliografie; detaillierte bibliografische Daten sind im Internet abrufbar über: http://dnb.d-nb.de

Die Marke »Satyr Verlag« ist eingetragen auf den Verlagsgründer Peter Maassen.

ISBN: 978-3-947106-23-3

# Inhalt

Hallo!

Schön, dass ihr wieder da seid. Mannometer, schon das zehnte Buch von Micha-El Goehre. Das sollte man feiern. Oder es einfach lesen.

Es wird heuer viel zu wenig gelesen, deswegen ist Micha euch doppelt dankbar dafür, dass ihr ihm eure Zeit und Aufmerksamkeit schenkt und euch auf Geschichten, Texte und Ergüsse einlasst, die größtenteils für Lesebühnen entstanden sind. Manche erzählen eine Geschichte, manche entführen euch einfach in Micha-El Goehres bisweilen wirren Kopf. Fast alle sollen euch einfach nur eine kurze gute Zeit bescheren, die eine oder andere vielleicht auch zum Nachdenken anregen. Sie folgen keiner übergeordneten Handlung und keinem Konzept. Es ist einfach nur eine Sammlung von Texten. Wenn ihr nach einem Text merkt, dass ihr müde oder hungrig werdet, dann legt das Buch beiseite, und geht ins Bett, oder macht euch was zu essen. Wenn eure Beine anfangen zu kribbeln, dann solltet ihr langsam mal vom Klo runterkommen. Wenn als Nächstes euer Zielbahnhof kommt, dann packt das Buch weg, und passt auf, dass ihr nichts im Zug vergesst.

Es ist nicht notwendig, dieses Buch wegzusuchten wie eine Netflix-Serie. Es wäre sogar klüger, es sich aufzuteilen und immer mal wieder zur Hand zu nehmen, wenn ihr euch für eine Viertelstunde in Michas Welten entführen lassen wollt. Denn wer weiß, wie lange es dauert, bis er mal wieder was auf das bibliophile Volk loslässt. Der feine Herr neigt nämlich zu gelegentlicher Bequemlichkeit. Ach, seien wir ehrlich: Micha-El Goehre ist eine faule Sau.

Aber trotzdem hat er es irgendwie geschafft, in dreizehn Jahren immerhin zehn Bücher rauszuhauen. Da kann man schon mal klatschen. Muss man aber nicht. Falls ihr gerade irgendwo in der Öffentlichkeit seid, würde das auch etwas seltsam wirken. Wobei Micha-El Goehre nie behaupten würde, dass »seltsam« etwas Schlechtes wäre.

Wow!

Das zehnte Buch. Buch X. Wäre es ein Comicheld, wäre es ein Mutant. So oder so ist Micha schon ein bisschen stolz. Zehn Bücher, das wäre eigentlich ein Grund zu feiern. Aber leider ist Micha-El Goehre gerade traurig.

Sehr traurig.

# Ich ist tot

Micha-El Goehre ist sogar sehr, sehr traurig.

Sein lyrisches Ich ist gestorben. Er hatte es auf die Straße geschickt, im wahrsten Sinne des Wortes. Irgendein blöder Entwurf für eine Kurzgeschichte, in der es irgendwie um Protest ging und er vorbeifahrende Autos mit Kuscheltieren bewerfen wollte. Totaler Blödsinn. Aber dann klingelte das Telefon, und der feine Herr Autor verquatschte sich und achtete nicht mehr auf den Text, und da ist es passiert. Sein lyrisches Ich wurde über den Haufen gefahren. Mehrfach. Es war brutal. Ein Geknalle und Geblute und Geschreie, dass es nur so rauschte. Der Körper des lyrischen Ichs wurde hochgeschleudert und dann plattgewalzt, und alles quoll nur so raus, es war ein furchtbares Bild. Und nun ist Micha-El Goehre traurig. Er kann nur noch in der dritten Person Singular schreiben, das klingt wahlweise arrogant und abgehoben oder so, als hätte er nicht mehr alle Latten am Zaun. Ach, sagt er sich seither ständig, ach, ach und noch mal ach. Hätte er doch nur besser auf sein literarisches Alter Ego achtgegeben.

Nicht dass er überhaupt mal pfleglich mit ihm umgegangen wäre. Jeden Unfug musste sein lyrisches Ich mitmachen. Sich mit der weiblichen Inkarnation von Jesus unterhalten, Mitmenschen am Pissoir in Angst und Schrecken pöbeln, Strategien zum Meucheln der Ex-Freundin ersinnen, immer und immer wieder im Zug sitzen, nackt fremde Spanierinnen im Rentenalter umtackeln, Partys feiern und Partys feiern und Partys feiern, um zu beweisen, wie hedonistisch veranlagt der Goehre ist, und als wäre all das Gefeiere und Gesaufe nicht schon anstrengend genug, bekam sein lyrisches Ich nie ausreichend Schlaf. Ständig musste es aufwachen, und dann brummte der Schädel vom Alkohol, oder irgendeine nackte Unbekannte lag neben ihm, damit auch alle Leser dächten, Micha-El Goehre wäre voll der Stecher, oder es klingelte an der Tür, und wenn sein lyrisches Ich die Tür aufmachte, stand da immer ein Paketbote oder Hitler, weil Hitler in Deutschland immer geht. Hitler und ficken. Aber nie schlafen. Wie gerne hätte sein lyrisches Ich nur mal einfach einen Text lang durchgeschlafen! Aber nein, das schockt ja nicht, stattdessen feiern, ficken und aufwachen, immer wieder aufwachen. Wenn den ach so tollen Herren und Damen Poeten und Schriftstellern nichts für einen Anfang einfällt, einfach mal aufwachen, scheißegal ob man in der Geschichte zuvor die Nacht durchgemacht hat. Micha-Els lyrisches Ich war fertig mit der Welt. Dieser permanente Guantánamo-Schlafentzug macht jeden fertig, das hält niemand ewig durch. Und dann immer wieder Heavy Metal! Heavy Metal hier, Heavy Metal da, Heavy Metal tralala. Die ewig gleichen, müden Gags über *Manowar* und Mett und 666. Permanente Lautstärke und Satansanbeterei, dabei hat Micha-El Goehre in seinem ganzen Leben nicht eine schwarze Messe mitgemacht und höchstens zwei, drei Kirchen bloß ein kleines bisschen entweiht. Aber Hauptsache als der harte Macker dastehen, Hauptsache trve, Hauptsache in der Szene akzeptiert werden. Dabei stand sein lyrisches Ich auf Jazz. Und wenn schon Alkohol, dann ein gediegenes Glas Rotwein. Ein Glas. Und kein Liter Tetra-Pak-Plörre, weil der Kasten Bier wieder mal nicht bis zum Lampenausschießen gereicht hat. Das lyrische Ich hatte in letzter Zeit oft an Suizid gedacht. Einfach Schluss machen. Einen Punkt setzen. Sich zwischen die Zeilen fallen lassen in den Limbo der Textlosigkeit. Mit dem Kopf voran mit voller Wucht gegen eine Schreibblockade rennen. Aber es hatte durchgehalten. Und dann lässt dieser Idiot es einfach auf einer Straße stehen und über den Haufen fahren!

Autoren sind so verdammt egoman. Deswegen schreiben sie auch so gerne in Ich-Form. Ich, ich, ich. Als stellvertretende Persönlichkeit geht man durch die Hölle. Micha-El Goehre wusste nichts davon, aber sein lyrisches Ich hatte schon Kontakt zu Leidensgenossen aufgenommen. Sie wollten eine Gewerkschaft gründen. Die IG ICH. Es ist gar nicht so einfach, sich für so was zu solidarisieren. Lyrische Ichs leben in ihren eigenen Kosmen, in kleinen Blasen ohne Kontakt zur Restwelt. Aber ficken geht immer, hatte Micha-Els lyrisches Ich überlegt, ficken und Hitler. Und Hitler hat ein Buch geschrieben. Also hatte es Kontakt zu Hitlers lyrischem Ich aufgenommen, einem verstörten kleinen Protagonisten, der viel lieber in einem Liebesroman aufgetaucht wäre, einer Novelle oder einem Libretto für eine kesse Oper. Stattdessen all das Gehasse und Gehetze und Feldmäuse, die sich nur mit Feldmäusen paaren sollen, und Hausmäuse mit Hausmäusen und Störche mit Störchinnen und solcher Mumpitz. Und dann die Sache mit der Bücherverbrennung. Wie viele Kolleginnen und Kollegen waren in den Flammen gestorben? Hitlers lyrisches Ich war sofort Feuer und Flamme für den Gewerkschaftsgedanken. Autoren sollten gefälligst in dritter Person schreiben oder den ganzen Mist selber durchmachen, den sie sich ausdachten, das sollte eine der Kernforderungen der IG ICH sein, außerdem mindestens 5 Prozent jährliche Wortschatzvermehrung, eine Liebesgeschichte mit Happy End und regelmäßige Schlaf- und Chill-out-Geschichten sowie freie Auswahl der zu konsumierenden Drogen und Getränke.

Ob Micha-Els und Hitlers lyrische Ichs damit durchgekommen wären, kann man nur erahnen. Der furchtbare Unfall kam dazwischen.

Zerschmettert lag das Corpus auf der Fahrbahn, geradezu prosaisch. Ein paar Zeilen Blut sickerten aus seinem Mund. Micha-El Goehre stand wie betäubt am Straßenrand und sah Ich an. Wie sollte es nun weitergehen? Wie sollte sich das Publikum mit ihm identifizieren, wenn er permanent in der dritten Person schriebe? Dann könnte er ja gleich in Fantasy machen. War es das mit seiner literarischen Laufbahn? Wobei man zugeben muss, dass die Laufbahn eher ein Gehweg war. Vielleicht war es an der Zeit, den Rat fast aller Mitmenschen anzunehmen und sich einen ordentlichen Job zu suchen. Lehrer für Philosophie und Werken vielleicht. Oder stummer Zeitschriftenhinhalter bei den Zeugen Jehovas. Oder Türsteher bei Rossmann. Bei dem Gedanken schossen Micha-El die Tränen in die Augen. Er wollte sich gerade abwenden, da hörte er ein leises Stöhnen. Ungläubig sah er auf sein lyrisches Ich herab. Es bewegte sich. Wahrhaftig! Langsam, aber sicher kam Micha-El Goehres lyrisches Ich wieder zu sich. Es hustete und öffnete die Augen und ...

Scheiße, wer auch immer mich überfahren hat, ich hoffe, er kriegt demnächst eine unangenehme Geschlechtskrankheit! Nur gut, dass ich so ein robustes Kerlchen bin.

Wie durch einen Schleier sehe ich Blaulicht und zwei Notärzte, die sich über mich beugen und Hektik verbreiten. Sie wuchten mich auf eine Trage und dann in den Notarztwagen, und ab geht die wilde Fahrt zum Krankenhaus. Ich glaube, ich hab echt Schwein gehabt, dass ich noch lebe. Das wird aber mal so was von heftig gefeiert, wenn ich wieder aus dem Siechenbunker raus bin! Drei Tage nonstop, Minimum. Aber vorher soll noch meine Zweckgemeinschaft vorbeikommen, dann machen wir aus den Krankenschwestern echte Metalsisters und lassen uns mal durchleuchten, um zu gucken, ob unsere Herzen wirklich schwarz sind. Das wird ein Spaß!

Aber seltsam, ich weiß nicht, wo das herkommt, irgendwie werde ich das Gefühl nicht los, dass ich zum allerersten Mal sehr lange und sehr tief schlafen und mir ein Album von John Coltrane besorgen sollte.

Hui, da habe ich ja echt noch mal Glück gehabt. Ein Autor ohne lyrisches Ich, das wäre wirklich doof. Aber jetzt, wo ich wieder ich bin, was nicht mit ich zu verwechseln ist, kann ich mich ja auch mal wieder auf die Piste begeben. Zum Beispiel ins *Postrock*, einer meiner Lieblingskneipen. Eine von der Sorte, wo noch regelmäßig Livemusik gespielt wird.

Wo man sich trifft und miteinander redet und die ganz großen Weltprobleme diskutiert und nicht unablässig auf das Taschentelefon starrt oder wichtigtuerisch eine karamellisierte, linksdrehende Erdbeer-Ingwer-Latte aus Wegwerfbechern schlürft.

Wo die Klos sauber, aber nicht hygienisch sind und man von der Thekenkraft mit Namen begrüßt wird. Manchmal sogar mit dem richtigen. Ach, was labere ich hier rum, kommt einfach mit.

# Im *Postrock*: Komische Mischung

Und wir sitzen im *Postrock*, und eine Bluesband covert Songs von *Slayer* und Rihanna. Ich denke, das ist eine komische Mischung, und sage: »Das ist 'ne komische Mischung.«

Die anderen, das sind Jan, Tine und Motorkopp, nicken, und Jan bestätigt: »Komische Mischung.« Er sieht in sein Glas. »Zu viel Sprite, zu wenig Bier.«

»Nein«, sage ich. »Die Band meine ich.«

Tine sieht zur Bühne. Entrüstet fährt sie mich an. »Warum? Nur weil die einen weiblichen Drummer haben? Du scheiß Sexist.«

»Aber ...«, stammele ich.

»Selber Sexistin«, brummt Motorkopp. »Das heißt Drummerin. Oder Drummerette.«

»Nicht Drumeuse?«, fragt Jan.

»Ihr seid Penner«, motzt Tine, aber für mehr Streit scheint es ihr an Elan zu fehlen.

Jan grübelt. »Vielleicht auch Drumpteurin.«

Ich schüttele genervt den Kopf. »Die Trommelfrau meinte ich gar nicht. Ich finde es nur musikalisch eine komische Mischung.«

Motorkopp schaut mich finster an. »Denkst du etwa, Weiße dürften keinen Blues spielen? Dass es in der Musik unterschiedliche Hautfarben geben sollte?«

Tine guckt entgeistert. »Bist du etwa auch noch Rassist? Das wird ja immer schöner. Und mit so was bin ich befreundet. Mit einem frauenfeindlichen Rassisten! *Ichfassesnicht.*«

»Wisst ihr was?«, sage ich. »Ihr könnt mich mal.«

»Ein frauenfeindlicher Rassist mit schlechten Manieren«, grummelt Motorkopp.

»Maul!«

Er zuckt nur mit den Schultern und starrt in sein Bier, wie er es eigentlich immer tut. Vielleicht liest er aus dem Schaum unsere Zukunft, oder auf dem Grund des Glases läuft die geheime sechste Staffel *Breaking Bad*, ich weiß es nicht.

Wir schweigen und trinken.

Die Band spielt ihr letztes Lied, eine zwölfminütige Version des »Song 2« von *Blur*, dann beginnen sie, ihren Krempel zu packen. Ich schaue zur Tür, was ich inzwischen spannender finde. Ein älteres Paar kommt herein. Sie halten Händchen und tragen T-Shirts mit schlimmen Motiven. Helene Fischer er, Michael Wendler sie.

Komische Mischung, denke ich, halte aber lieber die Klappe.

Ach ja, im *Postrock* ist es immer schön. Deswegen bin ich oft da, aber dazu später mehr. Eigentlich würde ich viel häufiger in dem Laden sitzen und mit den anderen quatschen und klönen, dass die Schwarte kracht, aber leider bin ich abends zur besten Kneipenzeit bei der Arbeit. Ja, manchmal auf Lesungen und Poetry Slams, aber ich hab auch noch einen anderen, einen richtigen Job.

Einen seriösen Beruf.

Ich bin DJ.

# In da Club

»Ey, Chef!«, ruft er, und ich ignoriere. Ich ignoriere hart. Ich ignoriere leidenschaftlich. Mein Desinteresse an ihm erfüllt den ganzen Raum.

»Ey, KOLLEGE!«, versucht er einen zweiten Anlauf, den er unterstreicht, indem er mir am Ärmel herumzuppelt.

Wow, denke ich.

Zuppeln geht gar nicht.

Zuppeln kann ich nicht ignorieren, da sind meine Superkräfte am Ende.

»Hör mal zu, du Lappen«, sage ich. »Ich bin weder dein Chef noch dein Kollege. Wäre ich das, würde ich meinen Job hinschmeißen, die Firma abfackeln und die Stadt drumherum mit einer schmutzigen Bombe nuklear verseuchen. Nur damit jeder weiß, wie es sich anfühlt, dich zum Kollegen zu haben.«

Er sieht mich an. Seine Augen sind völlig nichtssagend, während in seinem Kopf der Prozess abläuft, den er selbst wohl als »Denken« bezeichnen würde.

»Du bist ganz schön unfreundlich, Kumpel«, sagt er.

»Unfreundlich wäre, dir ohne Vorwarnung eine Flasche durchs Gesicht zu ziehen. Kumpel!«, antworte ich und nehme einen langen Schluck aus meiner Bierflasche. Dabei sehe ich ihm die ganze Zeit in die Augen. Dann setze ich ab. »Ah«, sage ich. »Das ist ein wirklich guter Burger.«

Er geht lieber weg, ich mache mich wieder an die Arbeit. Aber nix da, schon dackelt das nächste Störgeräusch heran.

So wie sie aussieht, kommt sie gerade von ihrer Diätkotzorgie auf dem Klo. Keine Ahnung, wie alt sie ist, aber sie wiegt nicht mehr als mein Golden Retriever, und der ist immerhin schon drei Jahre tot.

Sie hat so einen albernen Dutt, wie es momentan bei der untergewichtigen Jugend Mode ist, und ihr Versuch, sich die Lippen rot zu schminken, erweckt eher den Eindruck, irgendein Sadist hätte ihr Gesicht in eine Lache radioaktiven Schweinebluts getunkt. Mit Glitzer.

»Darf man sich was wünschen?«, fragt sie und lächelt. Ich lächele zurück und beuge mich zu ihr rüber. Ich tätschele ihren Dutt, der wirkt, als würde jemand versuchen, auf der Hutablage eines 79er Kadett C eine Rolle Klopapier zu verschönern. »Sag mal«, sage ich, »warum versuchen die Mädels deiner Generation eigentlich so zwanghaft, wie ihre eigenen Großmütter auszusehen?«

Sie guckt verdutzt. »Was bitte?«

Ich tippe auf die Wunschliste, die zehn Zentimeter links von ihrem Ellbogen liegt. »Da. Musikwünsche aufschreiben.«

»Ah«, sagt sie und macht sich ans Kritzeln. Ihre Schrift sieht aus wie der Ausschlag eines Seismografen kurz vor Weltuntergang. Als sie fertig ist, strahlt sie mich noch mal verstrahlt an. »Spielst du denn auch, was man dir aufschreibt?«, fragt sie.

»Iss was«, sage ich.

Sie guckt wieder irritiert, dann lächelt sie, weil das vermutlich ihre Lieblingsform der Kommunikation ist, anschließend macht sich das lebende Emoticon wieder auf den Weg zur Tanzfläche. Oder zum Klo, noch 'ne Runde schlank brechen, wer weiß.

Der Nächste, bitte. Hart besoffen, man sieht es und riecht es. »Ich will mir was wünschen!«, überrascht er mich. Ich tippe wieder auf die Liste. »Aufschreiben«, sage ich. Er guckt auf die Liste. So viele Buchstaben und die Technik eines Kugelschrei-

bers überfordern ihn ganz offensichtlich. Er schielt mich an.
»Kann ich dir meinen Wunsch nicht so sagen?«

»Lieber nicht.«

»Wieso nicht?«

»Gehörtes kann man nicht zerreißen und wegschmeißen. Wunschlisten schon.«

»Arschloch.«

»Hab ich nicht dabei. Aber ich kann *Oasis* anmachen, das kommt dem schon sehr nah.«

»Arschloch«, wiederholt er, torkelt von dannen und tanzwankt kurz darauf ein bisschen zu *Oasis'* Kotzbrechwürghit »Wonderwall«, bevor er sich auf einen Hocker fallen lässt und umgehend einpennt.

Eine Weile werde ich in Ruhe gelassen und kann meinen Job machen. Drei, vier Lieder später könnte ich tatsächlich mal etwas Input gebrauchen und werfe einen Blick auf die Wunschliste. Das Übliche: *Placebo, Deichkind, Papa Roach, Beatsteaks, Incubus, Slayer,* Helene Fischer und eine mir völlig unbekannte Band namens *Du bist voll scheiße! Ich ficke deine Mutter.* Ich tippe mal auf eine neue Single von *Rammstein.* Irgendwer hat das Intro von der *Gummibärenbande* aufgeschrieben. In Klammern der Vermerk, dass sich das ganz, ganz viele ganz, ganz dolle wünschen. ♥♥♥. Ich mache es trotzdem an, die russische Version. Tanzfläche leer, Theken voll. Umsatzsteigerung. So einfach ist das manchmal. Danach *Seeed*, Tanzfläche wieder voll. Wäre Algebra genauso leicht berechenbar wie Discopublikum, hätten meine Noten in Mathe deutlich besser ausgesehen.

Der nächste Wunschkandidat beugt sich über die Liste. Er weiß, wie die Mehrheit seiner Generation, nicht, was er eigentlich will, also lässt er sich von seinem Taschentelefon diktieren, was er sich wünscht. Guckt, wischt, schreibt. Solche Idioten werden immer häufiger.

Vor ein paar Wochen ist eine der kleinen DJ-Pult-Lampen

abgerissen worden. Eins der Kabel ragt seitdem hervor. Kein Starkstrom. 12 Volt oder so. Ich nehme es und halte es dem Deppen an die Hand, ganz sachte nur. Er sagt »Gnh!« und kippt um. Das Personal kümmert sich um ihn. Er bleibt liegen, kurz darauf huschen zwei orange bejackte Ersthelfer durch den Saal und holen ihn ab. Konnte ich ja nicht ahnen, dass einer in dem Alter schon einen Herzschrittmacher hat. Ich habe kurz ein schlechtes Gewissen, dann spiele ich *Foo Fighters*, die hatte er sich gewünscht. Damit dürfte mein Karma wieder ausgeglichen sein.

Andreas gesellt sich zu mir. Er tanzt nicht gerne, aber Bier trinken findet er super. Wir haben halt gemeinsame Interessen. Wir stoßen an, schweigen und gucken Pöbel.

Einer löst sich aus der Masse, ein ganz Entschlossener, so ein verklemmter Bionadetrinker. Professionelle Spaßbremse, auf jeder Party dabei. Ein Klugscheißer von der Sorte kann hundert Hektar Ackerland güllen. »Spiel mal was Neues«, ranzt er. Ich ziehe eine Augenbraue hoch. Das muss als Antwort reichen. Entweder das, oder ich schäle ihm das Gesicht herunter. Mit einem Löffel. Unaufgefordert setzt er nach: »Du spielst immer den gleichen Scheiß, das kann keiner mehr hören.« Ich schaue auf die Tanzfläche. Es läuft gerade immer gleicher Scheiß. Sie ist proppenvoll, es wird gejuchzt, getanzt, und Arme wedeln durch die Luft. Ein Jogginghosenträger findet die Mucke anscheinend so toll, dass er sich vor Freude eingepullert hat. Ich nicke Besserwisserboy zu und sage leise: »Ich werde deine ganze Familie töten.« Er nickt, sagt »Okidoki«, reckt einen Daumen hoch und trollt sich woanders hin, wo er sich wichtig fühlen und nur sich selber zuhören kann. Ich spiele was Neues. Sofortige Umsatzsteigerung an der Theke. Ich lege alten Scheiß auf, Tanzfläche voll. Was der Bauer nicht kennt, das tanzt er nicht.

Andreas schüttelt den Kopf. »Also, für mich wär das nix, den ganzen Abend arbeiten, damit andere feiern können«, sagt er.

Ich zucke mit den Schultern. »Mir gefällt's.«

»Hmm. Aber was gefällt dir daran?«

Ich überlege kurz. Dann sage ich: »Der Kontakt mit den Menschen.«

Er lacht. Ich lege einen neuen Song ein.


Wie ihr seht, bin ich im Großen und Ganzen ein sozial verträgliches Kerlchen. Mancher mag denken, ich würde einen rauen Umgang pflegen, aber man sollte im Hinterkopf behalten, dass ich aus Ostwestfalen stamme und inzwischen im Ruhrgebiet wohne. Ich komme also aus einer Gegend, in der

- »Und?«

- »Muss ja.«

als vollwertiger Dialog durchgeht, und bin in eine Ecke gezogen, in der »Na, du altes Arschloch« als höfliche Begrüßungsformel gilt. Da wird der Umgangston schon mal rauer, was aber nicht als Mangel an Herzlichkeit und Empathie misszuverstehen ist, ihr verkackten Vollfichten.

Ich bevorzuge die Verbalisierung meiner Gefühle, anstatt Leuten einfach ungefragt eins auf die Mappe zu geben.

# Aufs Maul

Ich ließ mich einmal mehr in einem Verkehrsmittel durch die Gegend bewegen, das als »öffentlich« deklariert wird, was bei der Mehrheit der Bevölkerung zu dem Missverständnis führt, dass man Telefongespräche, Liebesbezeugungen verbaler und körperlicher Natur, Bürogeheimnisse, Streitereien, Körpergerüche, Bildungsmangel und Verdauungsnebenprodukte möglichst öffentlich zu verbreiten hat. So wurde ich Zeuge einer Unterhaltung zwischen zwei juvenilen Hoffnungsträgern des Sozialamts. Die Diskussion drehte sich um den aufsteigenden Stern deutschsprachiger, urbaner Poesie Aykut Anhan, besser bekannt unter seinem Nom de Plume »Haftbefehl«, und ob dieser nun ein ganzer Kerl krimineller Natur oder doch eher etwas sei, mit dem man im Englischen wahlweise eine Katze oder das weibliche primäre Sexualmerkmal bezeichnet. Der Disput eskalierte in Intensität und Lautstärke und gipfelte in der Ankündigung des einen: »Ey, ich schlag dich, bis du blutest, Alter«, was der Zweite konterte mit: »Ey Wichser, ich ermorde dich, bis du stirbst. Schwöre.«

So reizend diese Ausbrüche waren, blieb es dennoch dabei, und beide konzentrierten sich wieder darauf, an ihren Smartphones herumzudaddeln, vermutlich um weitergehend zu recherchieren oder andere Freunde der modernen Dichtung zu konsultieren. Mir hingegen kam in den Sinn, wie sinnlos ich Gewalt finde, dabei aber zutiefst unterhaltsam, solange ich mich als Beobachter gerieren kann.

Ich bin zum Beispiel ein großer Freund des Wrestlings, jener Veranstaltungsart, die man in eine Reihe mit Oper, Ballett, Kunstausstellungen oder Zuchtrosenprämierungen stellen könnte, wenn es nicht was ganz anderes wäre. Ich mag es einfach, dabei zuzusehen, wie sich Männer in merkwürdigen Klamotten oder Badehosen gegenseitig auf die Mütze hauen. Da können Spaßblockierer rumkrähen, wie sie wollen, dass die Kämpfe bis ins kleinste Detail abgesprochen sind. Würde man diesem Argument folgen, dann könnte man sich auch Actionfilme, Synchronschwimmen oder die Frankfurter Börse kneifen. Selbstverständlich ist das Ganze nur Show, aber Wrestler spielen mit einem deutlich höheren Einsatz als der handelsübliche Theaterschauspieler, der, wenn er mal irgendwo runterplumpst, sicher sein kann, weich auf einer versteckten Matte zu landen, sofern er nicht am Abend zuvor auf die Frau des Bühnenbildners geplumpst ist oder andere Mitglieder des Ensembles nachhaltig verärgert hat. Wrestler plumpsen sehr oft. Und nur in den seltensten Fällen landen sie dabei auf weichen Matten. Sie klatschen auf andere Ensemblemitglieder, Stühle, Tische, Stahlplatten, Lampen, Mülleimer oder handelsüblichen harten Boden. Danach krümmen sie sich und sind vor Pein ganz traurig, und das kann ja echt nicht gut für den Rücken sein oder den Bauch oder das Gesicht, je nachdem mit welchem Körperteil sie ihren Sturz abgefangen haben. Und eigentlich sollte man sich darüber nicht freuen, aber da ich weiß, dass man Wrestlern bei ihrem Engagement nicht unbedingt vorgegaukelt hat, auf einer Zuchtanlage für Wattebäuschchen und Eichhörnchenpuschel anzuheuern, kann ich nicht umhin, mir mit Begeisterung anzusehen, wie sie sich antun, was sie sich antun. Immerhin trainieren sie tagein, tagaus das Plumpsen, das Getreten- und Gehauen- und Durch-irgendwelche-Dinge-hindurchgeworfen-Werden, dann wird das wohl nicht ganz so wild sein. Nicht so gerne mag ich Ultimate Fighting, immerhin hauen sich die ultimativ Kämpfenden in vollem Ernst auf den Schädel und sämtliche andere Körperregionen. Da kann ich mir genauso gut einen Tag Hauptschule angucken. Das ist nicht schön.

Die Faszination der Gewalt ist den Menschen in die evolutionäre Wiege gelegt, scheint es. Seit es Hierarchien und monetäre Überlegenheit gibt, haben sich Betuchte und Beadelte daran ergötzt, wie Sklaven, arme Bodybuilder und Hartz-römisch-IV-Empfänger sich gegenseitig zum Amüsement ihrer Herrchen eins auf die Mappe gehauen haben. Dabei wurde auch gerne mal in Kauf genommen, dass einer, wie man so schön sagt, liegen blieb. Denn auch wenn man sonst nix hatte, Menschenrechte, Freiheit, Bildung, ausreichend Nahrung oder freies WLAN für alle, so gab es an Menschenmaterial nie einen großen Mangel. Und selbst wenn man die AGB vorm Häkchen-Machen tatsächlich durchgelesen hatte und dem Sklavenstatus entrann, gab es genug Dumpfbirnen und Verzweifelte, die sich mehr oder weniger freiwillig in Arenen und auf Bühnen verdreschen, würgen, herumwerfen und aufs Unappetitlichste zerstückeln ließen für die Aussicht auf ein besseres Leben. Und wenn man das Rentenalter trotz Gehaue erreichte und im biblischen Alter von, sagen wir mal, 27 Jahren seine eigene kleine Villa auf einem der Hügel Roms sein Eigen nennen konnte, musste man die köstliche Elefantenleberpastete mit in Rosmarin gegarten Froschhoden durch einen Strohhalm schlürfen, weil man seine Zähne und die Gesundheit im Dreck der Arena zurückgelassen hatte.

Vom Showkampf haben seit jeher nur die Zuschauer was, die Kämpfer selbst enden entweder frühzeitig in der Zinkwanne, im Rollstuhl oder als brabbelndes, sabberndes menschliches Gemüse mit Matschhirn am Rednerpult einer AfD-Kundgebung.

Warum sind wir so? Warum finden wir es gut, zwei Menschen dabei zuzusehen, wie sie sich eins geben, bis der andere nicht mehr steht? Warum hofft man insgeheim beim Rugby auf gebrochene Knochen? Warum finden wir es lustig, wenn im Film jemandem herzhaft in die Familienplanung gegrätscht wird? Es ist vermutlich die reinste, nämlich die Schadenfreude. Wenn tags zuvor ein Flugzeug abgestürzt ist, betreten wir deutlich beruhigter die Boeing 747, denn die Statistik ist dann auf unserer Seite. Was du nicht willst, das man dir tu, das soll gefälligst jemand anderem zugefügt werden. Das ist widerwärtig, niederträchtig und im negativsten Sinne menschlich.

Und es macht viel zu viel Spaß.

Was wäre ein Horrorfilm ohne anständiges Metzeln? Eine Sportreportage über Leute, die wegrennen und dabei permanent schreien und hinfallen. Was wäre *Rocky* ohne Finalfight? Ein kleiner Italiener mit Liebeskummer und einer Wut auf Schweinehälften. Was wären Bud-Spencer-und-Terence-Hill-Filme, in denen es nicht gepflegt eins auf die Glocke gibt? Eine deutsche Kinokomödie, und die werden bekanntlich nur gedreht, damit die Leute von der Filmförderung was zu tun haben und nicht aus Versehen Geld für gute Filme mit Inhalt verplempern.

Während ich so vor mich hin sinnierte, habe ich wohl etwas zu lange in Richtung der beiden Hafti-Homies gestarrt, denn der eine schaute nun von seiner Smartphone-Recherche auf und sprach mich an: »Ey, was glotzt du? Aufs Maul?«

Ich seufzte, denn er hatte mich aus meinem Gedankenstrom gerissen, in dem ich die letzten Minuten wohlig maunzend geschwommen war, und so was nervt hart. Einen Moment überlegte ich, ob ich mal die furiosen Moves meines Lieblingswrestlers *Undertaker* an ihm austesten sollte, aber mir war grad nicht so nach körperlicher Ertüchtigung mit potenziell anschließender Strafverfolgung oder alternativer Versehrung meiner eigenen Gesundheit, also zeigte ich nur auf den Kumpan des Gewaltbereiten und sprach die magischen Worte: »Der hat gesagt, Haftbefehl ist schwul.« Und während ich meinen beiden Gangsta-Gladiatoren beim physischen Eskalieren zusah, dachte ich, dass es mal wieder Zeit wäre, zu Hause ein bisschen auf der Couch zu lümmeln und Wrestling zu gucken.

In Ruhe und Frieden.


Man wird als Schreiberling öfter mal gefragt, wie man denn auf seine Ideen kommt. Das ist eine schwierige Frage. Wie kommt man auf eine Idee? Was ist eine Idee? Ein elektrischer Impuls im Gehirn. Meine Versuche, eine Schreibblockade zu durchbrechen, indem ich auf einen elektrischen Weidezaun pinkelte, brachte aber keinerlei literarische Ergebnisse. Das Einzige, was ich davon habe, ist ein regelmäßiger Zuckreflex, wenn ich einen Zaun sehe. Elektrische Impulse allein können es also nicht sein. Es braucht vor allem Inspiration. Und die findet sich im Alltag, und wie gerade schon bewiesen, sind öffentliche Verkehrsmittel dafür ein ewiger Quell. Ich glaube, es gibt drei Hauptgruppen von Geschichten in der Popliteratur: 1. Geschichten über Kinder, bevorzugt die eigenen, 2. Geschichten über Tiere und 3. Geschichten aus der Welt des ÖPNV. Manchmal muss man nicht mal in ein Fahrzeug einsteigen, es reicht völlig, an einer Bushaltestelle herumzustehen.

# Markenbewusstsein

Sie steht an der Bushaltestelle, was sehr passend ist, denn ich stehe auch dort und warte auf die 82. Da an dieser Bushaltestelle ausschließlich die 82 fährt und ich die Frau sehr attraktiv finde, freue ich mir einen Ast, womit ich keineswegs eine Erektion meine, auch wenn sich eine solche tatsächlich ankündigt, aber ich freue mich hauptsächlich einfach, dass sie denselben Bus nehmen wird wie ich, was mir mehr Zeit für Flirtereien verschafft. Sie schaut zu mir rüber, ich lächele, und sie reagiert nicht mit Ekel oder Mistgabel und Fackel, wie es mir hier und da passiert, sondern lächelt zurück. Treffer, denke ich und spreche sie an. Hallo ich, Hallo sie, ein bisschen Geplausche übers Wetter und dass die 82 mal wieder verspätet ist, und schon mache ich mir Gedanken, wie ich denn meinen Heiratsantrag formulieren soll, ob sie die gleichen Allergien und Phobien wie ich hat, was ich blöd fände, weil irgendeiner im Haus muss schließlich die dicken Spinnen totkloppen können, ohne dabei einen halben Herzinfarkt zu bekommen, und wie unsere Kinder wohl aussehen werden. Sie sagt mir ihren Namen, der zwar nicht so schön ist wie sie, aber hübsch genug, um mich nicht in ihr Gesicht zu erbrechen, was die meisten Frauen ziemlich persönlich nehmen. Sie sagt, sie studiert, und ich frag was denn, und sie sagt BWL, und ich sag »Interessant« und denke »Würg!«. Nebenher verdient sie ein bisschen was mit ihrem Modeblog, sagt sie, schaut auf mein Shirt und sagt, ihre Lieblingsshirtmarken seien *Diesel*, *Ed Hardy* und *Ramones*, und ich denke »WHAAAT?« und sage: »Ach.« Schade, dabei war sie so hübsch. Die 82 kommt, und ich sag, sie sollte mal *Iron Maiden* anchecken, und sie sagt, die Marke kenne sie noch gar nicht, und ich sag, ja, sei so eine Workerbrand aus Großbritannien, und sie dankt mir für den Tipp, und ich sag »Kein Problem« und schubse sie unter den einfahrenden Bus.

Was für ein Reinfall, denke ich. Der Busfahrer schreit mich an, und ich sag ihm, dass sie *Ramones* für eine T-Shirt-Marke gehalten habe, und der Busfahrer sagt: »Oh«, und dass es ja kein Wunder sei, dass jemand, der denkt, *Ramones* wäre eine Marke, auch zu blöd zum Laufen ist und über die eigenen Füße unter einen fahrenden Bus stolpert, und ich sag »Tja, so kann man das bestimmt sehen«, und er sagt, er sieht das so, und ich gehe dann lieber zu Fuß in die City, ein bisschen shoppen gehen. Ich brauche neue T-Shirts.


Böööse, mag nun mancher Lesefrosch denken, einfach dumme Mädchen unter Busse schubsen, das macht man doch nicht. Da gebe ich euch völlig recht. Das macht man wirklich nicht, was aber nicht heißt, dass man es sich nicht manchmal wünscht oder daran denkt. Ich lebe meine kleinen Meuchelfantasien lieber in Geschichten aus als im wirklichen Leben. Es gibt schon genug komische Vögel, die es damit lieber andersrum halten. Als ich in der Grundschule anfing, Western- und Science-Fiction-Geschichten zu schreiben, fand meine Klassenlehrerin das ziemlich klasse (deswegen war sie wahrscheinlich auch die Klassenlehrerin), mokierte sich irgendwann aber trotzdem über den Umgang mit meinen Anta- und Protagonisten und forderte mich heraus, doch mal was zu schreiben, bei dem nicht am Ende alle draufgehen.

Hui, das war für mich als Achtjährigen ein völlig neues Konzept! Leute in Geschichten sterben zu lassen, war deutlich einfacher, als sie am Leben zu erhalten. Jemand stirbt, zack, die Geschichte ist zu Ende. Bleibt er oder sie hingegen am Leben, geht man das Risiko ein, dass die Geschichte einfach weiterläuft, und hinterher ufert das Ganze völlig aus. (Okay, dieses Konzept hat so seine Haken. Wenn es danach geht, wäre »Das Lied von Eis und Feuer« eine halbseitige Kurzgeschichte.) Ich meine, wie viel sollte ich denn noch schreiben? Ich fand, zwei Seiten waren schon mächtig episch, mehr würde doch niemand lesen. Über das Leben zu schreiben, ist wie Kinder zu fragen, warum sie Krieg spielen und nicht Frieden. Schon mal versucht, Frieden zu spielen? Seht mal an, gar nicht so einfach.

Leben ist generell ein schwieriges Thema. Man bräuchte eine Gebrauchsanweisung dafür.

# User's manual – Gebrauchsanleitung für alles

Herzlich willkommen im Namen der *iLife Corporation*, einer Marke aus dem Hause *Evolution Inc*. Ich möchte Sie zur Wahl unseres Produkts LEBEN herzlich beglückwünschen.

Wie Sie vielleicht bei Betreten der *life area* bemerkt haben, unterscheidet sich das Interface merklich von Ihrem gewohnten uteralen Betriebssystem. Daher möchte ich Sie in dem Gebrauch unseres Produkts LEBEN unterweisen, übrigens das erfolgreichste Betriebssystem aus unserem Haus.

Die allgemeinen Geschäftsbedingungen haben Sie bei Betreten der *life area* automatisch akzeptiert. Sie sind unter *Life/Data/docs/random/boringstuff/938f8s94fmg99cc/sys/agb* ganz leicht abrufbar. Um die allgemeinen Geschäftsbedingungen zu studieren, benötigen Sie das Read-Plug in, das Sie im sechsten Betriebsjahr von LEBEN fast gratis downloaden können. Ein Widerspruch gegen die AGB ist nur in den nächsten 24 Stunden möglich.

Zunächst wenden wir uns den grundlegenden Funktionen zu:

Der Sleepmodus wird täglich automatisch ausgeführt und ist notwendig, um eine solide Akkulaufleistung zu garantieren. Im Food- und Drinkmodus werden Uploads zugeführt, ein Cleanerprogramm wird mehrmals täglich überflüssigen Ballast entsorgen. Später werden Sie einen Großteil der Laufzeit im Workmodus verbringen. Danach erfolgt ein Downgrade, das Sie auf den Shutdown mit anschließender Komplettlöschung aller Daten vorbereiten soll.

Es gibt einige einfache Wege, um mit unserem Produkt LEBEN optimal zu arbeiten:

Seien Sie glücklich. Und wenn Sie nicht glücklich sind, machen Sie jemand anderen glücklich, vielleicht macht Sie das ja glücklich. Seien Sie traurig, wenn Sie das glücklich macht. Melancholie ist gut. Seien Sie auch ruhig mal wütend. Aber nicht zu oft, das belastet den Prozessor. Seien Sie kein Arschloch. Und wenn Sie mal ein Arschloch waren, ärgern Sie sich darüber und machen es beim nächsten Mal anders. Wenn Sie allerdings generell zum Arschlochsein neigen, stehen Sie dazu. Zeigen Sie sich. Tragen Sie Anzug und Krawatte. Tragen Sie eine Hakenkreuzbinde. Reiben Sie sich von oben bis unten mit Kot ein, damit alle sehen, wie es in Ihrem Innersten aussieht. Seien Sie nett zu anderen Usern, dann läuft das Networking gleich viel besser. Machen Sie Sport. Schwimmen Sie, laufen Sie, springen Sie. Spielen Sie Schach. Auch das Gehirn ist ein Muskel. Wenn Sie keine Sport-App haben, begeben Sie sich nach einem Alterscheck zum Sexsektor. Wir haben Ihre Hardware mit kompatiblen Anschlüssen versehen, um sich mit anderen Usern zu verknüpfen. Und wenn die Anschlüsse nicht passen, ist es doch auch egal, dann benutzen Sie Bluetooth. Hauptsache, Sie sind glücklich. Trinken Sie Alkohol. Seien Sie abstinent. Es ist Ihr Leben. Auf Ihrem Desktop wurde ein Papierkorb eingerichtet. Nutzen Sie ihn. Seien Sie kein Schwein. Achten Sie darauf, den Papierkorb nicht zu überlasten, dies könnte zu einem Systemabsturz führen. Machen Sie Urlaub. Bleiben Sie zu Hause. Ein Balkon kann ein Paradies sein. Wenn Sie keinen Balkon haben, klettern Sie auf den eines anderen Users. Lernen Sie sich kennen. Kontakte sind gut. Pflegen Sie Kontakt zu Ihren Angehörigen. Gründen Sie selbst eine Familie. Bleiben Sie kinderlos. Seien Sie selbst ein Kind. Werden Sie erwachsen. Werden Sie ein erwachsenes Kind. Ein kindlicher Erwachsener. Bleiben Sie zu Hause. Machen Sie Party. Laden Sie andere zu einer Party zu sich nach Hause ein.

Hören Sie gute Musik. Und wenn Sie schlechte Musik gut finden, hören Sie sie leise. Ein Smartphone ist kein Ghettoblaster. Seien Sie kein Gangster. Wahren Sie die Ganovenehre. Ehren Sie Vater und Mutter, aber nur wenn die zwei Sie auch ehren. Gehen Sie zur Schule, und schwänzen Sie, dass die Schwarte kracht. Lernen Sie Mathe. Verlernen Sie Mathe. Studieren Sie Sprachen. Nutzen Sie keine Anglizismen. Aber wenn Sie Anglizismen liken, dann usen Sie them excessive. Seien Sie exzessiv, wenn Sie vernünftig sind. Aber das Wichtigste ist: Spielen Sie Minigolf. Das macht glücklich.

Wir wünschen Ihnen viel Spaß mit der neuesten Version von LEBEN.

Sollten Sie mit dem Produkt nicht zufrieden sein, bedauern wir das zutiefst. Ein Umtausch ist dennoch leider ausgeschlossen. Es gibt keine Garantie auf LEBEN. Vielen Dank, dass Sie sich für unser Produkt entschieden haben.

Na, sind wir jetzt schlauer? Nicht wirklich, oder? Es gibt Menschen, die es schaffen, das komplexe Thema »Leben« auf einfache Formeln herunterzubrechen. Das finde ich beneidenswert. Sie beschreiben es mit simplen Worten wie »Ein Mann sollte ein Haus bauen, einen Baum pflanzen und ein Kind zeugen«. Zack, fertig ist die Laube. Beziehungsweise das Haus. Da allerdings meine Hausbauskills in die Kategorie »nicht vorhanden« einzuordnen sind und ich Kinder eher nervig finde, kann ich diesen Entwurf nur zu einem Drittel ausführen. »Geboren werden, zur Schule gehen, *Metallica* hören, sterben« klingt da schon etwas plausibler für mich, allerdings ist mir tagein, tagaus nur *Metallica* hören auch ein bisschen zu einseitig und Guantánamo. »Das Leben ist wie eine Pralinenschachtel« klingt eher wie eine Androhung von Diabetes, Fettleibigkeit und je nach Pralinenkollektion Alkoholismus. Mit »Sei einfach kein Arschloch« kann ich da schon eher was anfangen, allerdings bedingt dies, dass sich jeder Mensch daran hält, und danach sieht es beileibe nicht aus. Vielleicht muss man, um das Leben zu verstehen, erst mal ganz von vorne anfangen.

# Ich bin ein Fötus

*Woche 11:* Ich bin ein Fötus. Ich schwimme so vor mich hin und her und her und hin und bin ganz fötal. Woher ich weiß, dass ich ein Fötus bin? Weil ich ein Fötus bin, und wir Föten wissen so was. Cogito, ergo fetus. Denken kann ich super, seit ich dieses Kopfdings habe. Ich glaube, ich taufe es »Gehirn«, das klingt gut. Das klingt nach Denken. Da ist bestimmt vor mir noch keiner drauf gekommen. Was bin ich doch für ein ausgefuchster Fötus. Mann, was hatte ich mich erschrocken, als das mit dem Denken losging. Ich meine, da dümpelt man so vor sich hin, ist ganz happy und amphibisch, eigentlich nur ein Darmtunnel mit Gedöns drum herum, und plötzlich, TADAA, ein Gehirn. Und Gedanken. Das hat mich dann doch ein bisschen überrumpelt. Ich meine, was soll man denn damit bitte anstellen? Gedanken. Fand ich erst mal ziemlich blöd. Da drosch auf einmal alles auf mich ein, so Fragen wie: Wer bin ich? Was bin ich? Wo bin ich? Was atme ich eigentlich? Was ist atmen?

*Woche 12:* Die Wer-bin-ich-Frage war schnell beantwortet. Ich bin Fötus. Was bin ich? Ich bin ein Fötus. Wo bin ich? Das war schon etwas kniffliger. Auf jeden Fall an einem sehr feuchten Ort mit schmodderigem Zeug darin. Ein bisschen von dem Schmodder sind Reste von dem anderen Fötus, den ich absorbiert hab, als wir noch ganz klein waren, so in dem Alter von 8 bis 16 Zellen. Ich kann mich schon gar nicht mehr daran erinnern. Vermutlich weil mein Gehirn erst später entstand. Woher ich weiß, dass ich den anderen absorbiert habe? Ich bin ein Fötus. Wir Föten wissen so was. Jedenfalls ist es feucht und matschig hier und, wenn mich mein Ertasten nicht täuscht, auch nicht besonders geräumig. Das Universum besteht aus Zeug, in dem ich schwimme, und einer Himmelshaut darum, mit der ich irgendwie durch eine Schnur verbunden bin. Ein interessantes Universum, zumindest eine Zeit lang. Da ich sein Mittelpunkt und einziger Bewohner bin, ernenne ich mich zum Gottfötus.

*Woche 15:* Mein Körper dehnt sich irgendwie aus, oder das Universum schrumpft. Letzteres halte ich allerdings für unwahrscheinlich. Also bedeutet es, dass ich wachse. Die komischen Bammsel an mir wachsen auch, und ich kann damit herumwedeln und -machen. Allerdings nur mit vieren davon, das fünfte ist ganz klein und bewegungsunfähig. Ab und zu kommt neue Flüssigkeit da raus und macht mein Wasser ein bisschen wärmer. Aus irgendeinem Grund wünsche ich mir etwas Gelbes, das quietscht, wenn man draufdrückt, und irgendwas zum Rückenschrubben.

*Woche 16:* Ich glaube, ich werde fett. Ich beschließe, mehr Sport zu machen. Jetzt muss ich nur noch herausfinden, was dieses »Sport« ist. So lange recke und strecke ich mich und bewege mich ausgiebig.

*Woche 17:* Meine beiden oberen und die unteren Bammsel gehen kaputt. Die fusseln an ihren Enden total aus. Ich hab Gebammselspliss. Erst habe ich Schiss, dass mir das überall passiert, aber das Minibammsel bleibt ganz. Dann merke ich, dass ich die Fusseln bewegen kann. Cool, ich kann mich jetzt an der Schnur in meinem Universum festhalten. Das eröffnet mir völlig neue Perspektiven. Wow, festhalten. Was es nicht alles gibt. Ich frage mich, was jetzt noch kommen kann.

*Woche 24:* WAS ZUM ICH IST DAS? Da passieren Sachen, die ich wahrnehme, aber es hat nichts mit Anfassen zu tun. Ich glaube irgendwie, dass da meine Seitenlappen am Kopf mit zu tun haben. Ich dachte eigentlich, die wären zum Rudern da, aber wozu brauche ich Ruder in einem Universum, das ich in zwei Zügen durchschwimmen kann? Jedenfalls sind diese neuen Eindrücke komisch. So ein Bumm-bumm, und ich glaube etwas Klimperiges, zumindest ab und zu, und ein dröhnendes Quaken. Ich glaube, das ist Hören. Ich sollte so was wissen, ich bin ein Fötus. Interessante Sache, dieses Hören. Die ganzen Geräusche kommen von außerhalb der Himmelshaut. Ich glaube, ich bin nicht allein im Universum.

*Woche 26:* Ich versuche, mit den Aliens zu kommunizieren, in dem ich einen Morsecode gegen die Himmelshaut trete. Als Antwort kommt allerdings nur rhythmisches Klopfen ohne erkennbares Muster und etwas, das sich nach »Duziduziduzi« und »Eieiei« anhört. Ich fürchte, die Außerirdischen sind ziemlich bescheuert. Es macht mich ein wenig traurig. Ich hatte gehofft, dass es dort draußen noch andere Föten wie mich gibt.

*Woche 28:* Meine Güte, wie sieht das hier denn aus? Was für ein Saustall. Überall Zeugs und Schwabbel. Ich glaube, ich sollte mal aufräumen und durchwischen.

Moment mal.

Seit wann kann ich gucken?

*Woche 36:* Langsam wird es echt eng hier. Ich glaube, ich sollte mir demnächst mal ein Zwei-Raum-Universum suchen. In diesem ist eindeutig zu wenig Platz. Ich muss mich richtig zusammenrollen, damit ich überhaupt noch Platz hab. Wenigstens ist das Geklimper aus dem Weltraum einem Geschrabbel gewichen, das mir besser gefällt. Es wiederholt sich oft, und ich glaube, eine

Stimme will mir etwas sagen, aber ich verstehe sie nicht, auch wenn ich es inzwischen mitsummen kann: »Exit night, enter light, take my hand, we're off to never never land.« Ansonsten höre ich aus dem Weltraum hysterisches Geschrei und Heulen.

*Woche 37:* Ich glaub, ich lege mich mal mit dem Kopf nach unten hin, das ist bequemer. Ich nenne es Yoga, und die Stellung taufe ich den »Fötus«. Das wird bestimmt ein Renner.

*Woche 40:* Scheiße, die Welt geht unter! Hilfe! Jemand lässt das Wasser ab, und alles zieht sich zusammen. Das ist die Fötokalypse, das Ende von allem, was die Fötenheit, also ich, kannte. Die Wände des Himmels stürzen auf mich nieder, was jetzt nicht so dramatisch wäre, weil die in letzter Zeit sowieso nur eine Handbreit entfernt waren, aber jetzt pressen sie sich gegen mich, schieben mich fort. Ich kann ein Licht sehen, und, Fötus im Himmel, dort ist Luft, die vermutlich tödlichste Substanz im Universum. Ich brauche Fruchtwasser zum Atmen. Ich werde sterben! Etwas packt mich und reißt mich hoch. Meine Güte, ein riesiger, grüner Fötus hält mich in seinen Pranken. Er will bestimmt, dass ich die giftige Luft atme, aber ich bin ja nicht blöd und halte den Atem an. Er haut mir auf den Arsch, und ich schreie: »Uah, Folter!«, dann sauge ich reflexartig Luft ein. Tja, das war's dann wohl. Ich hatte ein gutes Leben, auch wenn ich noch so viel machen wollte. Gut, mir fällt jetzt grad nichts ein, aber wenn ich Zeit zum Nachdenken gehabt hätte, dann bestimmt. Komm nun, süßer Tod, ich erwarte dich. Ich atme einen weiteren Zug. Dann noch einen. Ich atme Luft. Krass. Und ich sterbe nicht. Sie legen mich zu einem weiteren Riesenfötus, und dieser ist ganz feucht und warm und vor allem weich. Was es nicht alles gibt. Und ich, ich bin nun kein Fötus mehr.

Ich bin jetzt ein Baby.

Ich denke mal, von nun an wird alles sehr viel einfacher.

Denkste. Das Leben hält eine Menge Überraschungen für dich bereit, und leider fallen die wenigsten in die Kategorie »Glückwunsch, Sie haben 6 Richtige im Lotto!«. Meistens springt dir das Leben mit Anlauf und nacktem Arsch ins Gesicht, aber gerade das macht es doch auch spannend. Wenn es keine Twists gäbe, wäre das Leben irrsinnig öde, eine unlesbare Geschichte, ein Film, den keiner gucken will. Denn der grobe Plot ist bekannt: Geburt, Gerödel, Tod. Die Besetzung und die Länge variieren, aber im Großen und Ganzen läuft es dann doch immer gleich. Aber Entschuldigung, ich wollte nicht spoilern. Das ist extrem unhöflich und trampelig. Geht euch das auch manchmal auf den Zeiger?

# Spoileralarm

Ich mag Kino. Man könnte sogar sagen, dass ich es liebe.

Nicht so sehr das Programmkino, dafür bin ich leider zu proletarisch. Programmkino ist wie Fernsehen gucken mit meinen Eltern. Damals musste ich immer deutsche und französische Deprischinken gucken, die einem Zehnjährigen eine Welt zeigten, die grau, trist und von suizidalen Kettenrauchern bewohnt ist. Nicht dass meine Eltern solche intellektuellen Kammerstücke besonders mochten oder gar verstanden, es gab in den frühen Achtzigern nur nicht so viel Auswahl an Programmen, und die Öffentlich-Rechtlichen nahmen ihren Bildungsauftrag tatsächlich noch ernst. Ob der Zuschauer wollte oder nicht: Es wurde gebildet. Wir hatten kein arte oder 3sat. Wir hatten nicht die Wahl, ob wir schlau gucken wollten oder nicht. Wie froh war man, wenn es mal einen Bud-Spencer-und-Terence-Hill-Film gab. Wenn da jemand frech wurde, gab es einen Spruch auf die Ohren und, *Disch!*, einen Tisch auf die Rübe und keine mit gedämpften Stimmen geführte Diskussion in der verrauchten Linoleumhölle einer Hochhauswohnungsküche im Armenviertel von Marseille. Das Fernsehprogramm der Achtziger hat mir die Programmkinos ein gutes Stück vergällt. Was ich am Kino mag, das ist das Große, das Wuchtige: die Abenteuer, das völlige Abschalten vom Alltag, das Eintauchen in die Welt von Mittelerde, ein von Aliens gefühlte 82 Mal komplett zerstörtes New York, den Weltraum mit seinen Todessternen und Sternenflotten, die Begegnung mit Helden, Schurken und Monstern, die vollkommene Tragödie und das triefende Pathos. Ich sehe eine verborgene Welt, von der man als Otto Normalmuggel keine Ahnung hat, ich sehe zu, wie unmöglich zu erfüllende Missionen erfüllt werden und sich riesige Geckos und Gorillas über die Silverscreen prügeln. Ich war dabei, als Alex und seine Droogs ein bisschen von der guten alten Ultrabrutale feierten, als eine junge Frau den Mann traf, der weggeworfene Fotos unter einem Passbildautomaten hervorkratzte, und als ein Mammut, ein Säbelzahntiger und ein ostfriesisches Faultier den Rassismus eiskalt abservierten. Ich habe mit *Rocky* geblutet, ich war ziemlich *Crank* und ganz schön *Psycho*, und ich habe, erstens, kein Wort über den *Fight Club* verloren und, zweitens, kein Wort über den *Fight Club* verloren. Ich habe Schlachten gesehen und Romanzen, Duelle und Katastrophen, die schönsten Landschaften dieses Planeten und die schönsten Landschaften aller denkbaren anderen Welten. Mir wurden die Ohren von Laserkanonen durchgepustet, die Nackenhaare von Geräuschen aus dem Wald hinter mir hochgestellt und das Herz von einigen der schönsten Melodien aller Zeiten gebrochen. Ich hab dem *Weißen Hai* genau ins Maul geschaut und *Catwoman* noch etwas genauer auf den schwarz beledertern Arsch. Ich habe mich in luxuriösen Sesseln gefläzt, bin auf durchgesessenen Sitzen vor Spannung hin und her gerutscht und habe mich bei fünf Grad im Regen auf einem Plastikstuhl im Open-Air-Kino zusammengekauert und mir fast den Tod dabei geholt, aber egal, einmal im Leben wollte ich *Metropolis* mit Livepiano erleben, und scheiß auf die drei Tage Flachliegen danach, es war jeden Liter Rotz und Fieberschweiß wert!

Kino ist geil. Keine Frage. Aber es gibt einen Faktor, der wahnsinnig stört. Oder lasst es mich so sagen: Sollte es dereinst so weit sein, und ich liege im Sterben, und mein Leben zieht noch einmal als Film an mir vorbei, gibt es im Saal unter Garantie ein Arschloch, das anfängt, lautstark seine verschissenen Tortillachips zu fressen.

Kino könnte so schön sein, wenn die anderen nicht wären. Deppen, die anfangen, während *Schindlers Liste* ein Partyfässchen zu zapfen, per Handy lautstark ihre Menstruationsbeschwerden durchzutickern, Tüten aufzureißen oder zu bumsen. Leute, wenn ihr eure Riemigkeit nicht unter Kontrolle habt, nehmt euch ein Zimmer, oder geht nach Hause, oder setzt euch in die letzte Reihe, da darf gebumst werden. Die Sitze der letzten Reihe eines jeden Kinosaals sehen bei Schwarzlicht aus, als wäre einem Rancor der Hodensack geplatzt. Manche Frauen werden da schon vom Hinsetzen schwanger.

Aber besonders gefressen habe ich die Sorte Vollidioten, die meinen, einem die Zukunft weissagen zu können.

»Pass auf, gleich kommt er da aus der Deckung, und der andere steht schon da.«

»Ey, die Stelle ist geil, da merkt er, dass er die ganze Zeit tot war, ey, voll krass unerwartet.«

»Ah, jetzt erfährt sie, dass er der Killer ist, kenn ich schon.«

Achtzig Prozent aller niederkommenden Frauen kacken sich während der Geburt ihrer Kinder ein. Einige Mütter haben meiner Theorie nach nur gekackt, und der Arzt hat die Pampe dann irgendwie zum Leben erweckt, anders kann ich mir solche Typen im Kino nicht erklären. Ich bin ja kein Freund der Todesstrafe oder von Folter, aber zumindest sollte man solche Wachsmalstiftlutscher lebenslang in Einzelhaft stecken und jeden Abend zwingen, ein Doublefeature zu schauen, bestehend aus *Emoji – Der Film* und Ulli Lommels Opus rectum *Daniel, der Zauberer*. Da höre ich die politisch korrekten zarten Seelen schon wieder stöhnen, das wäre gegen die Menschenrechte. Nö. Wer spoilert, hat selbige verwirkt; so jemand ist kein Mensch. So jemand guckt nachts Dartmeisterschaften.

Warum gibt es so was wie Pre-Crime aus *Minority Report* nicht auch für Spoiler? Ein hübsches, kleines Implantat im Gehirn, das sofort erkennt, wenn ein Idiot das Maul aufreißen oder per

Posting anderen den Spaß am Film versauen will, und in seinem Schädel SPOILERALARM schlägt?

»Hey, hast du schon den neuen *Star Wars* gesehen?«

»Ja klar, da gibt es eine so geile Szene, als ReySPOILER-ALARM!«

Mit flockigen 180 Dezibel, was ungefähr der Lautstärke eines explodierenden Schicksalsberges entspricht, zermörsert eine Stimme im Kopf des Täters jeglichen Wunsch, irgendwem die knackigsten Szenen und Momente eines Films zu verraten.

»Hey, wusstest du schon, dass PennywiseSPOILERALARM!«

»Boah, ich hätte echt nicht damit gerechnet, dass ThanosSPOI-LERALARM!«

»Das war ganz anders als im BuchSPOILERALARM!«

»Kasse 3 wird gleich freiSPOILERALARM!«

»Pass auf, da kommt ein AutoSPOILERALARM!«

Gut, das System hätte vielleicht seine Schwächen. Aber schön wäre es schon. Sehnsüchtig denke ich an den Sonntagabend zurück, als ich mir *Logan* im Essener Cinedings angeguckt habe. Der Saal: komplett leer bis auf meine Wenigkeit. Herrlich. Da könnte man sich dran gewöhnen. Außerdem sieht dann keiner, wie ich hemmungslos heule. Ein andermal, als ich in einem ansonsten leeren Saal die ultrafreie Platzwahl hatte, lief der allererste Trailer für die *Herr-der-Ringe*-Trilogie, und als die Armeen der Orks über die Leinwand marschierten, war ich ziemlich froh, dass niemand mich sah, wie ich zwischen zwei Stuhlreihen auf und ab hopste und mit hochgerissenen Armen »YES! YES! YES!« brüllte. Aber das sind leider Ausnahmen. Man muss sich den Kinosaal mit Deppen und Pärchen und Deppenpärchen teilen, mit Atmern und Kauern, Fummlern und Tuschlern, mit Hustern und Furzern, mit Tortilla- und Popcornduft.

Und irgendwie gehört genau das doch auch dazu. Vielleicht vergessen das die Filmemacher in ihrem CGI-, THX-, Ultra HD-Wahn manchmal, dass ein Kinobesuch gar nicht perfekt sein soll. Er soll ein Erlebnis sein, das man mit anderen teilt. Er ist etwas, das es heute immer seltener gibt: ein Gemeinschaftserlebnis. Also, wenn jemand mal knistert oder an den falschen Stellen lacht oder hustet oder bumst: Bleibt gelassen, und lächelt es weg.

TROTZDEM: Spoilern ist kacke. Und wenn es einer oder eine von euch mal in meiner Anwesenheit wagt, dann blüht euch Fürchterliches. Grauenhaftes. Unaussprechliches. Ich würde euch dannSPOILERALARM!!!

Ja, das gute alte Gemeinschaftserlebnis. In Zeiten, wo die Menschen permanent auf Kleinstbildschirme starren, darauf eintippen und einwischen, anstatt sich einfach mal mit dem real existierenden Menschen gegenüber zu unterhalten, ist das selten geworden. Kommunikation ja, aber bitte mit Leuten, die sich möglichst weit weg befinden, scheint das Credo der heutigen Tage und Nächte zu sein. Kinder hocken lieber vor der Playstation oder versuchen, Netflix zu Ende zu gucken, anstatt sich draußen mit anderen Kindern durch den Wald zu jagen oder auf dem Spielplatz Sand zu verkosten.

Aber ich will mich nicht beschweren. Immerhin habe ich noch meine Truppe, mit der ich mich in der Kneipe treffe. Die Kneipe – der Sandkasten des erwachsenen Menschen.

# Im *Postrock*: Revolution

Und einen Tag später saßen wir wieder im *Postrock*, und wieder waren wir alle zu besoffen, um all die schweren Themen zu besprechen, die wir besprachen. Viel hohles Blabla und Zigarettenqualm schwebten in der Luft. Es war Jan, der den Vorschlag machte, mit dem Gelaber aufzuhören und endlich rauszugehen und etwas zu tun. »Los, ab vor die Tür und Revolution, aber zackig!«, sprach er, Bierschaum stob von seinen Lippen. »Alles klar«, sagten wir. »Geh schon mal vor, wir kommen gleich nach und rebellieren mit.«

Jan gab uns glücklich lächelnd ein »Jawoll«, bestellte sich noch ein Astra Rotlicht *to go* und verließ strammen Schrittes und auch sonst ziemlich stramm die Kneipe.

Wir redeten weiter und bestellten die nächste Runde und dann noch was Kurzes für den Magen und einen auf die Gesundheit, weil Gesundheit unser wichtigstes Gut ist, Gesundheit, Freiheit und gute Zähne, darauf kommt es an. Scheiß auf iPhones und Zentralheizung. Gute Zähne herrschen. Aber voll. Darauf tranken wir noch ein Bierchen.

Es war kurz nach eins, als uns Anneke schließlich rauswarf, um den Laden zu schließen. Als wir auf die Straße traten, sahen wir ein paar brennende Autos und einen drum herum tanzenden Jan. Sirenen heulten, und ihr Heulen kam schnell näher. Die Revolution hatte begonnen.

»Scheiße«, stöhnte Motorkopp. Wir schnappten uns Jan und machten die Biege. Revolution ist ja gut und schön, aber Steffen hatte noch einen Kasten Bier bei sich zu Hause, und auch in einer runderneuerten Gesellschaft muss man Prioritäten setzen. In dieser Nacht waren das ein Kasten Bier und nicht eingeknastet zu werden. Und gute Zähne.


YEAH, REVOLUTION, BABY! Na ja. Ich muss gestehen, dass ich weniger der Kleinwagenanzünder und Steineschmeißer bin. Eher der Sofarevoluzzer. Man muss auch nicht ständig auf die Straße gehen. Aber ab und zu mal das Maul aufmachen. Aber nicht gleich den nächsten Discounter plündern. Auch mit Polizisten habe ich im Großen und Ganzen keine Probleme. Eher mit ihren Chefs. Man sollte sich auf jeden Fall drum kümmern, was im eigenen Land und in der Welt so passiert, und wenn etwas schiefläuft, etwas dagegen tun. Aber nicht wegen jedem Mumpitz Barrikaden errichten, Oberleitungen kappen oder herumrandalieren. Einfach nur so, weil es bockt und zeigt, wie anti man doch ist. Wichtig ist, dass man Mensch bleibt und seine Ideale nicht vergisst.
Aber manchmal bleibt einem dann doch nichts anderes übrig. Dann muss man Stellung beziehen.

# Ach, Johannes,
# wo ist dein Punk geblieben?

Ich sehe dich durch einen Regenschauer aus Flaschen und Pflastersteinen. Fast hätte ich dich nicht wiedererkannt, die sanft vorüberziehenden Schwaden aus Tränengasnebel behindern meine Sicht. Doch du bist es, und du stehst da, ganz Bürger, ganz besorgt, und ich frag mich, und ich frag dich, Johannes: Wo ist dein Punk geblieben?

Wir waren doch mal anders. Wir waren doch mal andere. Jung meinetwegen, naiv meinetwegen. Wir sind in der gleichen Straße aufgewachsen, erinnerst du dich, Johannes? Nicht im gleichen Haus, aber in Häusern, die genau gleich aussahen. Mit Eltern, die in der gleichen Firma gearbeitet haben. In der Straße hat jeder in dieser Firma gearbeitet, das war so. Sie fuhren alle zur gleichen Stunde los und kamen zur gleichen Stunde wieder heim, trockenes Synchronschwimmen, um in ihren Gärten zu entspannen, die gleich groß waren und nur marginale Individualität aufwiesen, nach Gartenzwergen und Obstbäumen sortiert. Sie relaxten alle auf die gleiche Art: grillen, Rasen mähen oder schlafen. Wenn wir Kids uns gegenseitig besuchten, fanden wir uns in den fremden Wohnungen sofort zurecht, sie waren alle gleich geschnitten, und als Kinder fanden wir das gut. Es war beruhigend. Es war ruhig. Und irgendwann wurde es zu ruhig, es wurde uns zu ruhig, Johannes. In uns begannen die Stürme der Adoleszenz zu toben, wir wurden wild und brünstig, und wir wollten raus aus dem immer Gleichen.

Begehren und Aufbegehren gingen Hand in Hand, und wir rebellierten und schworen uns, das würde immer so bleiben. Aber Wege trennen sich. Du gingst nicht mehr auf die gleiche Schule wie ich. Deine neuen Freunde wohnten ein paar Straßen weiter. Aber ich hab dich nicht vergessen, Johannes, wenn ein Geburtstag, eine Party oder ein Konzert anstand, da hab ich dich immer eingeladen, ich hab dir immer Bescheid gesagt, ich hab mir immer gewünscht, dass du dabei bist. Und manchmal warst du dabei. Das war schön. Dann haben wir gemeinsam gefeiert, gesoffen und Scheiße gebaut, du und ich, Johannes und die anderen coolen Socken. Wir trugen die Haare wild, hörten unsere Musik laut, und unsere Herzen schlugen noch viel lauter und noch viel wilder. Ich hatte bald eine Band, die war dann recht oft unterwegs, um für eine Kiste Bier und einen Pennplatz zu spielen. Und du hattest deinen Fußballverein, ihr wart recht oft unterwegs, um für einen Kasten Bier und einen Pennplatz zu spielen.

Dann kam die Uni, die Haare wurden etwas weniger wild, das erhöhte die Chancen bei den Mädels, dafür wurde man politisch aktiv, aber die Studienwege haben uns getrennt, Johannes, ich hab die Stadt verlassen, dich der Mut. Eine Ausbildung, habe ich noch gehört, dann nicht mehr viel. Ich hab dich vermisst, und nun sehe ich dich wieder, dort auf der anderen Seite, die Haare kurz, das Herz ganz klein, und ich frag mich, wo ist dein Punk geblieben, Johannes?

Unsere Wege haben sich getrennt, so weit, dass uns nun ein breiter Strom trennt, über den man alle Brücken abgerissen hat. Ich sehe dich jetzt wieder öfter, aber das macht keinen Spaß mehr. Beim Einkaufen. Beim Vorbeifahren. Im Stadion.

Was ist mit dir passiert, Johannes, wer hat dir ins Gehirn geschissen?

Du wolltest doch einmal die Welt verändern, jetzt möchtest du, dass alles wieder wird wie vorvorgestern.

Du wolltest, dass alles bunt und grell ist, jetzt malst du deine Bilder in Braun und Schwarz.

Es gab Zeiten, in denen wolltest du das ganze System ficken, heute würde dir schon die minderjährige Nachbarstochter reichen.

Früher wolltest du einen Leichenwagen mit aufgemalten Flammen fahren, jetzt kutschierst du einen FBI-Truppentransporter, oder was auch immer dieser SUV-Panzer mit getönten Scheiben in deiner penibel gekärcherten Einfahrt darstellen soll.

Früher hab ich dich mit Klopapier beworfen, wenn ich dir deutlich machen wollte, dass du Scheiße laberst. Heute würdest du es wahrscheinlich nicht mehr verstehen. Außerdem müsste ich dich mit einem verdammten Klärwerk bewerfen.

Alt werden ist okay, aber das heißt doch nicht, dass du dich und deine Ideale bei lebendigem Leib beerdigen musst. Was ist los mit dir, Johannes, wo ist dein Punk geblieben? Wo hast du dein Herz verscharrt? Bist du das überhaupt noch da drin?

Wir sind in der gleichen Straße aufgewachsen. Wir sind zur gleichen Schule gegangen. Wir haben das Gleiche gelernt und das Gleiche geglaubt. Jetzt stehst du auf der anderen Seite, bei deinen neuen nationalliberalen Freunden, deren Blau das neue Braun ist. Zwischen uns fliegen Flaschen und Steine, und augenreizender Nebel weht umher. Ich sehe dich an. Wir könnten Freunde sein, weißt du, Johannes, denn du warst mal ein echt guter Typ, aber dein Gewissen leidet inzwischen an Alzheimer. Wir könnten Freunde sein, Johannes, aber du bist lieber ein Arschloch.

Menschen verändern sich, da machst du nix. Das ist der Zahn der Zeit, der an jedem Menschen knabbert wie ein verliebtes Mädchen am Ohrläppchen ihres Liebsten. Oder der Hase an der Möhre. Oder ich an einer Matheaufgabe. Wie auch immer, Menschen und Dinge unterliegen dem Wandel der Zeit, das ist völlig normal, damit muss man klarkommen. Aber selbst wenn Letzteres gelingt, erwischt man sich hin und wieder doch, dass man nostalgisch wird und sich in bessere Zeiten zurückwünscht. Aber waren die Zeiten wirklich besser? Wir hatten doch nix. Nur drei TV-Programme, und wenn da nichts Gutes lief, dann konntest du dich auch nicht einfach ins Internet begeben und da deine Zeit verschwenden. Der Handyempfang war in etwa so wie heutzutage in Brandenburg. Und statt einfach eine Runde *FIFA* zu zocken, musstest du dich im *first life* zum Bolzplatz bequemen und da mit den anderen Multiplayern analoges Rasenschach spielen. Furchtbar, oder? Aber ich beschwere mich nicht. Ich habe eine Jugend verbracht, in der ich nicht permanent wie ein haltungsgeschädigter Geier auf mein Telefon gestarrt habe. Generell habe ich sehr selten auf unser Telefon gestarrt. Ja, UNSER Telefon. Es gab nur eins für die ganze Familie. Fast wie im Krieg. Aber das ist halt auch alles schon ein Weilchen her.

# Begrabt mein Herz an der Biegung der Umgehungsstraße

Ich bin jetzt 41 und damit in einem Alter angekommen, in dem man nicht mehr allzu schief angeguckt wird, wenn man stirbt. Als Mittdreißiger hat man so was gefälligst zu unterlassen, das ist unhöflich. Wer mit 37 oder 38 abtritt, ist gesellschaftlich erledigt. Mit 27 sterben ist legitim, solange man psychische, Drogen- oder Rock'n'Roll-Probleme hat. Kann man dann machen. Hat sogar einen gewissen romantischen Aspekt. Der junge Mensch zerbricht an der Schwere der Welt, das verstehen die Leute. Mit Anfang zwanzig akzeptiert man Auto- und Sportunfälle, sofern es sich um eine trendige Sportart handelt, die ein gewisses Verletzungsrisiko per se voraussetzt und sich gut in YouTube-Videos macht. Der junge Mensch zerbricht an seiner Wildheit, das verstehen die Leute. Stirbt ein Einundzwanzigjähriger hingegen während eines Curling-Matches, beim Stricken oder Modellbootbau, muss er damit rechnen, sich der Lächerlichkeit preiszugeben. Teenager sollten auch nicht sterben, es sei denn durch Badeunfälle beim übermütigen Köpper ins flache Wasser oder in der Halfpipe. Der sehr junge Mensch zerbricht an seinem Genick, das verstehen die Leute.

Aber für den Ü40er, wie ich einer bin, ist es ganz okay, das Zeitliche zu segnen, zumindest wenn er nicht gerade Nachwuchs gezeugt oder einen fabrikneuen BMW Z4 gekauft hat. Auch ich beschäftige mich inzwischen intensiver mit meiner Sterblichkeit. Ich bin, wie gesagt, 41, da tickt die biologische Uhr. So laut, damit kommst du durch keine Flughafenkontrolle mehr, ohne Terroralarm auszulösen. Wobei ich mich nicht unbedingt wie ein typischer 41-Jähriger benehme, aber ich habe einen Vierjahresplan fürs Erwachsenwerden ersonnen, und der geht so: 41 ist auch nur ein Anagramm von 14, also kann ich mich wie ein Pubertierender benehmen und es auf die Midlife-Crisis schieben. 42 ist ein Anagramm von 24, da kann man sich noch mal anständig frisch verlieben, 43 ist mein 34, da wird es Zeit, noch mal ordentlich die Kuh fliegen zu lassen, und mit 44 bin ich dann in meinem realen Alter angekommen und werde ein bundesdeutscher Durchschnittslangweiler. Oder auch nicht.

»Man ist so alt, wie man sich fühlt«, dummschwätzt der Volksmund. Demnach bin ich morgens vor dem ersten Kaffee etwa hundertdreißig, mittags sechzig und nachts gerade mal volljährig, und wenn ich Sex habe, ein etwa zwölfjähriger Schuljunge ohne Ahnung von irgendwas. Aber das ist nur eine grobe Schätzung. Im Großen und Ganzen merkt man die Jahre wie Baumringe, die sich im Inneren summieren. Jahr um Jahr läppern sich die Wehwehchen, und die Rekonvaleszenzzeit nach einem ordentlichen Besäufnis verlängert sich von zehn Minuten nach dem ersten Konterbier auf drei bis vier Tage. Die Haare werden grau und an Stellen zahlreicher, wo man es nicht will und nicht gebrauchen kann, weil es einem zugleich immer schwerer fällt, wirklich alle Stellen zu erreichen, an denen man sich gerne rasieren möchte.

Der Verfall ändert auch den Blick auf die immer kürzer werdende Zeitspanne, die sich da »Zukunft« nennt. Was hat man noch für Perspektiven? Jobmäßig erwäge ich eine Umschulung zum Exponat für die Körperweltenausstellung. Oder doch noch ein Studium? Rentner auf Lehramt? Besonders dicke Romane oder neue Serien fange ich gar nicht erst mehr an, wer weiß, ob ich noch mitkriege, wie sie ausgehen.

Freunde von mir behaupten außerdem, im zunehmenden Alter würde ich einen Hang zur Dramaqueen zeigen. Ich habe nur lässig geantwortet, das wäre nicht wahr und sie nicht mehr meine Freunde, zerriss mein Gewand und tränkte drei Tage und drei Nächte den Boden mit der Flut meiner salzigen Tränen. Dramaqueen, so ein Quatsch!

Aber man kommt nun mal ins Grübeln. In der ersten Hälfte des Lebens ist alles voller erster Male, und das ist schön. Ich gerate langsam, aber unerbittlich in den Bereich, in dem diese Zeit vorbei ist. Mir bleiben höchstens noch die erste Prostatauntersuchung, der erste Tag im Altersheim oder das erste Mal die Erkenntnis, dass man den zweiten Kasten Bier nicht mehr schafft. Die erste Liebe, der erste Kuss, der erste Sex, das erste Mal Fahrrad, Auto oder Skateboard fahren, das erste Mal vom Fünfer springen, das erste Mal eigenhändig ein Betriebssystem installieren, das erste Bier trinken, das erste Bier trinken, das einem auch wirklich schmeckt, die erste weite Reise ohne Eltern, das erste Mal ins Meer springen, der erste negative Schwangerschaftstest (YES!), der erste positive Schwangerschaftstest (NO!), die erste eigene Bude, das erste Mal »Smells like teen spirit« hören und völlig ausklinken, die erste Disconacht, die erste Disconacht, an die man sich beim besten Willen nicht erinnern kann, das erste Mal Liebeskummer, das erste Mal wirklich Freunde brauchen und Freunde haben, das erste Festival, das erste Mal auf einem Dach sitzen und zusehen, wie die Sonne über der erwachenden Stadt aufgeht, all diese Dinge und tausend mehr, das liegt nun im Großen und Ganzen hinter mir. Bald kommt das letzte Mal von einem Song weggeblasen werden, den man das erste Mal hört, die letzte Erektion, das letzte Mal Achterbahn fahren ohne anschließend gebrochene Hüfte, das letzte Mal auf einem Konzert abgehen, das letzte Mal eine Frau anlächeln, und sie lächelt zurück, ohne zu denken »So ein süßer Opi«, das letzte Mal der Jüngste in einer Runde sein, die letzte Beerdigung, die nicht die eigene ist, das letzte Mal abends sagen: »Wir sehen uns morgen.«

Ach, was für trübselige Gedanken. Es gibt doch auch fröhlichere Themen, Dinge, auf die man sich noch freuen kann. Die eigene Beerdigung zum Beispiel. Auch wenn es dämlich ist, sich Gedanken darüber zu machen, da man davon eh am wenigsten mitbekommt; es sei denn, der Arzt hat bei der Feststellung des Todes echt Mist gebaut, und man wacht vom Geräusch niederprasselnder Erde auf einem Holzdeckel langsam wieder auf. Man macht sich dennoch Gedanken, wie man in die Grube fährt. Gäste, Soundtrack, Grabstein, es interessiert mich schon, was da abgeht. Meinen ursprünglichen Plan, meinen Leib per Katapult abschießen zu lassen und auf der Spitze der Flugbahn zu sprengen, um als Fleischregen über der Bielefelder Innenstadt niederzugehen, habe ich abgehakt. Ist doch albern. Ich wohne gar nicht mehr in Bielefeld. Daher habe ich ein paar Alternativen ersonnen.

Zum Beispiel könnte ich mir eine Pyramide vorstellen, und den Bau beaufsichtigen die Architekten der Elbphilharmonie und des Berliner Flughafens. Da ich nämlich nicht beabsichtige, vor Fertigstellung meines Grabmals abzutreten, würde ich mir damit quasi Unsterblichkeit erkaufen.

Eine weitere schöne Variante wäre es, nach Art der Wikinger bestattet zu werden und auf einem brennenden Flugzeugträger den Mittellandkanal hinabzugleiten. Verhandlungen mit der US Navy laufen, aber bisher reagieren die Matrosenboys noch etwas zickig. Angeblich brauchen sie ihre Träger noch, sie hätten da gewisse Pläne für Finnland.

Da wäre es machbarer, meinen Körper zu pürieren und in einem Presswerk mit Vinyl zu vermischen, um daraus Singles mit meinen Lieblingssongs zu pressen. Mit den Platten könnte man dann eine Jukebox bestücken, und wer meiner gedenken will, wählt einfach ein Lied aus. Ein schöner Gedanke, dass Menschen meinen Tod beweinen, und dazu läuft »I got erection«.

Aber noch ist das alles radioaktiver Schnee von morgen. Noch erfreue ich mich des Lebens, der Laster und der Liebe. 41 ist ein Anagramm von 14, und in diesem Sinne sage ich euch in der Sprache meiner Generation hier und jetzt:

»Yolo! Macht was draus.«

Älter werden ist halb so schlimm, wie man es sich vorstellt. Allerdings habe ich auch keine Kinder. Mit denen ist es vermutlich etwas schwieriger, das Fortschreiten der Zeit zu ignorieren. »Sie werden so schnell groß«, ist ein Lieblingssatz von Vät- und Müttern. Und mit jedem Zentimeter Wachstum hört man das Rieseln des Sandes in der Uhr des eigenen Lebens. Da bin ich ganz froh, dass mir das Kinder- los erspart und ich kinderlos geblieben bin. Zumal ich gehört habe, dass es sich für die Fortpflanzung als recht praktisch erwiesen hat, wenn bei der Zeugung eine Frau im selben Raum anwesend ist. Das stellt mich vor gewisse Probleme. Aus Furcht vor Zurückweisung sprechen mich die meisten Frauen gar nicht erst an. Und wenn ich ein Gespräch beginne, lässt sie die Angst davor, meine Erwartungen zu enttäuschen, so tun, als wäre ich null ihr Typ. Aber ich weiß es natürlich besser. Gut, ich habe natürlich Fehler, wie normale Menschen auch. Über- mäßige Bescheidenheit zum Beispiel. Wie auch immer, als Single muss man was tun, um seinen Beziehungs- status zu ändern.

Irgendwelche Treffen per App kommen für mich nicht infrage, da hätte ich das Gefühl, mir eine Pizza zu bestellen. Aber über Partnervermittlung habe ich schon mal nachgedacht.

# Bei der Partnervermittlung

Im Büro einer Partnervermittlung. Ein einzelner Angestellter sitzt vor seinem Computer. Die Wände sind dekoriert mit großen Postern, auf denen explizit glückliche Menschen zu sehen sind, die allesamt enorm gut aussehend und Singles sind. Man fragt sich, ob sie in einer Beziehung noch glücklicher sein können und ob dann nicht eventuell ihre Gesichter vor lauter Lachen und Strahlen explodieren. Ansonsten ist der Raum eher schmucklos. Eine Palme soll den Eindruck von Lebendigkeit vermitteln. Sie ist aus Plastik. Ein Kunde tritt ein, der Angestellte begrüßt ihn.

A: Herzlich willkommen bei Loveship. Bei uns verliebt sich alle zwölf Minuten ein Single. Wie kann ich Ihnen behilflich sein, Herr ...?

K: (brüllend) NIEMEYER, KONRAD NIEMEYER. ICH SUCHE EINE PARTNERIN.

A: (irritiert) Äh, ja, da sind Sie bei uns genau richtig. Alle zwölf Minuten verliebt sich ein Single bei Loveship.

K: ICH BIN AUF DER SUCHE NACH LIEBE UND ZÄRT-LICHKEIT. ICH BIN EIN SEHR SANFTER MENSCH UND WÜNSCHE MIR EINE PARTNERIN, DIE VERSTÄNDNIS-VOLL UND ZARTFÜHLEND IST. SO WIE ICH.

A: Äh, ja, setzen Sie sich doch bitte, Herr Niemeyer.

K: DANKE, SEHR GERNE.

A: Ich möchte Ihnen nicht zu nahe treten, Herr Niemeyer, aber ich bin nicht schwerhörig.

K: DAS FREUT MICH FÜR SIE.

A: Es besteht also kein Grund zu schreien.

K: NATÜRLICH NICHT. REDEN SIE, WIE SIE MÖGEN, MEINE OHREN SIND AUSGEZEICHNET. ICH KANN HÖREN, WIE DAS GRAS WÄCHST, WIE DER SCHMETTERLING VOM NEKTAR EINER SCHÖNEN BLUME TRINKT UND DAS RAUNEN DER BÄUME, WENN SIE IM FRÜHLING ZU NEUEM LEBEN ERWACHEN. DIE POESIE DES LEBENS, WENN SIE SO WOLLEN.

A: Aha, nun gut. Das ist sehr schön gebrü... gesprochen. Dann suchen wir Ihnen mal eine Partnerin.

K: DAS WÄRE ZAUBERHAFT.

A: Ja, das sollten wir hinkriegen. Sie wissen ja, unser Motto ist: Alle zwölf Minuten verliebt sich ein Single bei Loveship.

K: UND WANN WAR DER LETZTE?

A: Wie meinen?

K: NA, WIE VIELE MINUTEN IST IHRE LETZTE VERMITTLUNG HER?

A: Also, so genau weiß ich das jetzt auch nicht, die meisten Kontakte vermitteln wir natürlich online.

K: ACH, DAS MAG ICH NICHT.

A: Wie meinen?

K: ONLINE KOMMUNIZIEREN. DA FEHLT MIR WAS. ICH MÖCHTE MIT DEN MENSCHEN VIS-À-VIS REDEN. EIN COMPUTER ERSETZT NIE DAS PERSÖNLICHE GESPRÄCH, FINDEN SIE NICHT AUCH?

A: Na, in diesem Fall bestimmt nicht.

K: ALSO?

A: Was also?

K: WIE LANGE IST ES HER, DASS SICH EIN SINGLE BEI LOVESHIP VERLIEBT HAT?

A: Das kann ich Ihnen nicht genau sagen, aber ich denke nicht, dass es länger als elf Minuten her ist.

K: DANN KOMME ICH JA GENAU RICHTIG.

A: Jahaha, das stimmt. Wie auch immer, fangen wir mal mit Ihren Daten und Interessen an. Was sind Sie von Beruf?

K: ICH BIN KAMPFMITTELRÄUMER. ICH ENTSCHÄRFE BOMBEN, ZUM BEISPIEL BLINDGÄNGER AUS DEM ZWEITEN WELTKRIEG.

A: Wow, ein interessanter Beruf. Aber auch nicht gerade ungefährlich, was?

K: ER ERFORDERT EIN HOHES MASS AN KONZENTRATION UND VOR ALLEM: RUHE.

A: Interessant. Wie alt sind Sie?

K: 39.

A: Darf ich so indiskret sein und Sie nach Ihrem Einkommen fragen?

K: ALS SPEZIALIST WERDE ICH SEHR GUT BEZAHLT. SIE WERDEN VON MIR KEINE KLAGEN HÖREN.

A: Gut. Kommen wir zu Ihren Interessen. Hören Sie gerne Musik?

K: ABER SICHER.

A: Und was mögen Sie da so?

K: SMOOTH JAZZ UND SANFTE KLASSIK.

A: Okay. Gehen Sie gerne ins Kino?

K: JA, SEHR GERNE. MEINE LIEBLINGSFILME SIND *DAS SCHWEIGEN DER LÄMMER*, *DER PFERDEFLÜSTERER* UND *ALIEN*.

A: Ach, wegen der Werbung, nehme ich an?

K: WIE BITTE?

A: Na, bei *Alien*: »Im Weltall hört dich niemand schreien«, so hieß es doch damals auf den Plakaten.

K: NEIN, ICH BEWUNDERE DIE REGIEARBEIT UND DAS DESIGN. ICH MAG DESIGN. AUCH BEI MEINEM MOBILIAR. DENNOCH ACHTE ICH DARAUF, DASS MEINE WOHNUNG WÄRME UND BEHAGLICHKEIT AUS-

STRAHLT, DAS IST MIR SEHR WICHTIG. SCHICK, ABER NICHT KALT UND STERIL.

A: Das kann ich verstehen. Ich verstehe es laut und deutlich, sozusagen.

K: JA, ES BRAUCHT DOCH JEDER SEINE KLEINE HÖHLE, WOHIN ER SICH ZURÜCKZIEHEN UND EINKUSCHELN KANN.

A: Das stimmt allerdings. Machen Sie Sport?

K: YOGA UND TAI-CHI. ICH HABE AUCH MAL FUSSBALL GESPIELT, ABER DAS WAR LEIDER NICHTS FÜR MICH.

A: Wegen des Verletzungsrisikos?

K: NEIN, DER UMGANGSTON WAR MIR ZU RAU. ICH BIN MANCHMAL EIN KLEINES SENSIBELCHEN.

A: Na ja, daran ist ja nichts auszusetzen. Viele unserer Klientinnen suchen einen sensiblen Mann.

K: DA SIND SIE BEI MIR RICHTIG.

A: Mögen Sie Tiere?

K: JA, SEHR SOGAR. ICH HABE SELBST HAUSTIERE.

A: Ah. Hunde oder Katzen?

K: FISCHE.

A: Aha. Was würden Sie sagen, ist Ihre größte Stärke?

K: WIE GESAGT BIN ICH EIN GEFÜHLVOLLER MENSCH, DER DIE KLEINEN UND FEINEN DINGE IM LEBEN ZU SCHÄTZEN WEISS: WIE DEN GESANG EINER DROSSEL, DEN SALZIGEN GERUCH EINER MEERESBRISE ODER EIN ERDBEEREIS.

A: Und was halten Sie für Ihre größte Schwäche?

K: FREUNDE VON MIR SAGEN, ICH WÄRE ZU ZURÜCKHALTEND UND DURCHSETZUNGSSCHWACH.

A: Das mag ich kaum glauben.

K: DOCH, DOCH. BEI MEINER EX-PARTNERIN BIN ICH NIE ZU WORT GEKOMMEN.

A: Na, so was. Na, das wird Ihnen hoffentlich nicht mit einer unserer Klientinnen passieren.

K: HOFFEN WIR ES. ICH SUCHE KEIN MODEL ODER IRGENDEINE GEISTLOSE TRAUMFRAU. ICH WÜNSCHE MIR NUR EINE SEELENVERWANDTE. EINE FRAU, DIE MICH VERSTEHT.

A: Akustisch oder emotional?

K: WIE BITTE?

A: Ach, nichts, ich hab nur laut gedacht.

K: AH, DAS KENNE ICH. PASSIERT MIR AUCH HIN UND WIEDER.

A: Nun denn, dann machen wir noch schnell ein schickes Foto von Ihnen, und dann melden wir uns mit Vorschlägen bei Ihnen, Herr Niemeyer.

Nachdem das Foto geschossen ist, verabschiedet sich Konrad Niemeyer. Kurz darauf klopft es erneut an der Tür.

A: Herein.

Eine Kundin betritt das Büro.

A: Herzlich willkommen bei Loveship. Bei uns verliebt sich alle zwölf Minuten ein Single. Wie kann ich Ihnen behilflich sein, Frau ...?

Kundin: SCHELLING, BEATE SCHELLING. ICH SUCHE EINEN PARTNER!

A: (schaut auf seine Uhr) Na, so was. Genau zwölf Minuten.

So viel Glück hat man allerdings eher selten. Man lernt jemanden kennen, und alles ist tutti, aber eben auch nur, weil man sich in der ersten Zeit extrem zurückhält und nicht gleich die ganze eigene Persönlichkeit in ihrer potenziell schäbigen Pracht entfaltet. Aber irgendwann kommt dann der Tag, an dem die Socken auf dem Boden liegen bleiben, man die Klotür beim Pinkeln offen lässt, oder man wird aufs Übelste krank, und der Partner oder die Partnerin kümmern sich um einen, während die abartigsten Körperflüssigkeiten und -gerüche durch die Gegend segeln. Letzteres kann im Guten wie im Schlechten ein Prüfstein sein. Generell sind Beziehungen echte Arbeit. Aber sie lohnt sich. Denn ohne eine schöne Beziehung kann ich einem meiner Hobbys nicht nachgehen.

# Ich ficke recht gerne

Im Großen und Ganzen ficke ich eigentlich recht gerne.

Aber »eigentlich« fliege ich auch ganz gerne Loopings mit einem Spaceshuttle, und »eigentlich« kaufe ich mir auch gerne für eine halbe Million Euro einen fabrikneuen Ferrari, um damit durch alle Radarfallen der Stadt zu brettern, weil ich ein neues Profilbild für Facebook brauche, zünde die Karre danach an, röste mir in den Flammen Trüffel-Marshmallows und verfüttere sie an meine Hausschnabeltiere, und »eigentlich« bade ich auch gerne in lauwarmem Schampus und pupse Blubberbläschen. Aber wie beim Sex fehlen mir dazu die Mittel, soll in diesem Fall heißen eine Frau, eine Begleiterin, eine Freundin. Es ist immer blöd, ein Hobby zu haben, das man aufgrund mangelnder Gelegenheiten nicht ausüben kann. Da geht es mir bei meinen anderen Interessen auch nicht anders: im Lotto gewinnen, mit Lemmy, Pete Steele, George Harrison und Erik Satie im Proberaum abhängen und jammen oder die Nasen von Grizzlys, Panthern und Löwen stupsen. Geht auch nicht.

Es ist nicht so, dass ich nicht versuchen würde, eine neue Partnerin zu finden, aber neulich wurde mir gesteckt, dass es schon geraume Zeit nicht mehr angesagt ist, den Finger anzulecken, damit einer Frau auf die Schulter zu tippen und zu sagen: »Jetzt aber mal raus aus den nassen Klamotten.« Persönlich fand ich das immer recht witzig und gewieft. Ich bin nicht gut im Angraben oder Anbaggern. Wenn man schon beim Flirten auf die Erdbewegungsmetaphern »angraben« und »anbaggern«

zurückgreift, könnte man meine Bemühungen mit »anbeerdigen« ganz gut umschreiben. Reichte es früher, einer Frau meine Jacke in die Hand zu drücken, »Pass mal kurz drauf auf« zu sagen und dann zwei Stunden tanzen zu gehen, bis ich die Jacke wieder abholte, oder ihr das Feuerzeug abzunehmen und kommentarlos in ihrem Kaffee zu versenken oder ihr von der Bühne herab die Telefonnummer abzuluchsen, reicht es heutzutage irgendwie nicht mehr aus, derart Verwirrung zu stiften, dass die Begehrte viel zu überrumpelt ist, um mir eine Ladung CS-Gas in die Augen zu pfeffern, wie es eigentlich richtiger wäre. Da werden softe Skills erwartet, die mich einfach hoffnungslos überfordern. Kommunikation zum Beispiel. Entgegen meiner früheren Erwartungen, dass man mit zunehmender Lebensdauer erfahrener im Zwischenmenschlichen wird, verkacke ich immer gnadenloser beim Smalltalk, je älter ich werde. Da bin ich ganz Ostwestfale, fürchte ich.

Klar, auf Partys oder Konzerten oder Beerdigungen trinkt man sich ganz gerne mal mittels Alkohol in Plauderlaune, aber es gibt oft genug nur ein sehr schmales, treffsicher abzupassendes Zeitfenster zwischen »lockerer Zunge« und »labberiger Zunge«. Es kommt bei den meisten Frauen eher so mittel an, wenn sie einen nach dem ersten Gespräch zum Taxi tragen müssen, nachdem man sie mit Verschwörungstheorien vollgelallt und ihnen den Bacardi-Cola auf die Schuhe gereihert hat.

Kommt es dennoch zu einem zweiten Date, fangen die Schwierigkeiten erst richtig an. Meist kommt dann das Berufsleben zur Sprache, und wenn ich ehrlich zugebe, dass ich Schriftsteller bin, fangen die Frauen entweder an zu lachen, zu weinen oder schieben mir unauffällig mit einem Blick des Mitleids einen Zehner und die Adresse der lokalen Notschlafstelle zu und gehen.

Gerät man an die eher seltene Sorte Frau, die dem Irrglauben verfallen ist, dass ein Dasein als Schriftsteller irgendwie interessant ist oder lebenswert und es zu einem dritten Date kommt, und sie nimmt dich mit zu ihr, kann immer noch genug schiefgehen: Da gilt es, Bettwäsche in Reichskriegsflaggenoptik zu verkraften; sie fragt, ob es dich stört, wenn sie ihr künstliches Auge rausnimmt, weil die Augenhöhle etwas eitert; sie hat ein Transhaustier, zum Beispiel einen Beinficker im Körper eines Dackels oder einen Fleischwolf, der irrtümlich als Katze geboren wurde, oder die Frau hat es ernst gemeint, dass sie dich nur auf einen Kaffee mit hochnehmen wollte, oder sie redet mit ihren Pflanzen, die samt und sonders verdorrt und tot in der faulig riechenden Blumenerde dahinmodern; sie sammelt Vogelspinnen oder die Gesichtshäute ihrer Ex-Lover oder noch schlimmer: Porzellanharlekine. Es gibt eine Menge Dinge, die den Vollzug des Geschlechtsverkehrs im letzten Moment noch verhindern können. Manchmal hat man schlicht keinen Bock.

Aber normalerweise ficke ich ganz gerne. Zumindest soweit ich mich erinnern kann, glaube ich daran stets Vergnügen gefunden zu haben. Ist ja jetzt auch schon was her. Müsste ein Donnerstag im Januar gewesen sein. Ich weiß nur nicht mehr, welches Jahr.

Gefrustet sitze ich an einer Bushaltestelle, die Augen geschlossen, Kopfhörer in den Ohren, *Großstadtgeflüster* auf voller Lautstärke: »Keiner fickt mich, außer das Leben, aber das dafür so richtig. Allen anderen bin ich völlig egal, nur Gott hasst mich, und den gibt es nicht einmal.«

Ich öffne die Augen und bemerke, dass eine Rentnerin neben mir sitzt und mich mit großen Augen anstarrt. Anscheinend habe ich die Zeilen lauthals mitgesungen. Ich zupfe mir die Hörer aus den Ohrmuscheln, um mich zu entschuldigen, da wühlt sie in ihrer Handtasche herum. »Hello, CS-Gas, my old friend«, denke ich, aber stattdessen reicht sie mir ein Bonbon.

»Das wird schon wieder«, sagt sie und tätschelt mein Bein. »Jeder hat mal eine Trockenzeit. Ob du es glaubst oder nicht, mich hat auch schon lange keiner mehr so richtig durchgenommen.«

»Würg, wie ekelig«, denke ich, weil das Bonbon ein nimm2 ist. Bonbons mit Füllung geben dir das Gefühl, dir würde ein Huhn in den Mund kacken. Ich schiebe es mir aus Höflichkeit trotzdem hinein und sehe die Frau an. »Ich weiß, es ist unhöflich zu fragen, aber wie alt sind Sie?«

»Dreiundachtzig Jahre«, sagt sie. »Aber wenn mir der richtige Mann über den Weg läuft, werde ich immer noch feucht wie ein Aufnehmer im Nichtschwimmerbecken.« Sie sagt das nicht ohne Stolz.

»Wow«, mache ich anerkennend. »Aber irgendwie hatte ich die leise Hoffnung, dass die ganze Sexkiste im Alter unwichtiger wird. Dass man mal ein bisschen hormonell chillen kann.«

»Chillen kannst du, wenn du tot bist«, sagt die alte Dame. »Träum weiter, wenn du glaubst, dass Sex unwichtiger wird. Es wird ... anders, aber rattig ist man eigentlich sein ganzes Leben. Die Gelegenheiten werden nur weniger.«

»Na, das sind ja zauberhafte Aussichten«, sage ich. »Dicke Eier und keine Pfanne, um sie reinzuhauen.«

Sie lacht. »Das hast du gesagt wie ein wahrer Poet.«

»Ist mein Job«, sage ich.

Ihr Blick schweift in die Ferne. »Ich hatte mal einen Dichter. Der konnte vielleicht gut lecken, das sage ich dir.«

»Ja, wir sind flink mit der Zunge.«

Sie klopft mir auf den Schenkel. »Das Denken ist vermutlich dein Problem. Nicht zu viel denken. Dein Schwanz ist eine Wünschelrute. Überlass ihm das Denken.«

»Wenn ich meinem Schwanz das Denken überlasse, könnte ich im Knast landen.«

»Ich hab gesagt, du sollst dich locker machen, nicht dass du zum Triebtäter mutieren sollst, junger Mann«, sagt sie tadelnd.

»Hatte ich nicht vor«, sage ich. »Nein heißt Nein, da gibt's kein Vertun. Wer das nicht checkt, ist ein Arschloch. Und ich bin kein Arschloch.«

Sie nickt zufrieden. »Möchtest du noch ein Bonbon?«

»Klar«, sage ich, und sie lächelt glücklich. Ein paar Minuten sitzen wir schweigend nebeneinander. Ich lutsche mein Bonbon und fürchte die Füllung, sie raucht eine Zigarette. Ich sehe sie an.

»Heute Abend schon was vor?«, frage ich.

Sie sieht mich belustigt von der Seite an, nimmt einen Zug von der Kippe und atmet eine Wolke krebserregender Substanzen aus. »Vergiss es«, sagt sie. »Ich würde dich ins Koma vögeln.«

Ich muss leise lachen, und sie lächelt. »Such dir lieber was in deiner Gewichtsklasse.«

»Das werde ich«, sage ich. In dem Moment kommt mein Bus, und ich stehe auf.

»Mach's gut, mein Junge.«

»Sie auch.«

»Und denk dran: locker bleiben. Weniger Hirn, mehr Hüfte.«

Ich nicke und steige in den Bus. Durchs Fenster beobachte ich, wie sie sich eine neue Zigarette anzündet, und wir nicken uns zum Abschied zu. So zufrieden möchte ich in dem Alter auch aussehen, denke ich und setze mich in eine leere Vierergruppe. An der nächsten Station steigt ein rothaariges Mädchen ein. Wow, macht mein Kopf. Sie ist wunderschön und setzt sich mir gegenüber hin. Ich sehe sie an, und sie merkt das. Sie lächelt mir kurz zu und lässt den Blick aus dem Fenster schweifen. Ich schließe kurz die Augen und atme dreimal tief durch. Kopf aus, Schwanz an, denke ich. In meinem Mund bricht die Füllung aus dem Bonbon, aber das ist egal. Ich schlucke sie runter, dann öffne ich die Augen.

»Hallo«, sagt meine Hüfte.

Am Himmel ziehen dicke, schwarze Wolken auf. Die Ureinwohner strömen jubelnd und singend ins Freie, schwenken bunte Tücher und Blumengebinde und begrüßen mit ihren Tänzen das Ende der Trockenzeit.

Leider begegnen einem weise, alte Damen eher selten. Also friste ich weiter mein Singledasein. Geknickt und traurig. Aber zum Glück nur traurig. Andere Menschen haben es eindeutig schwerer. Keine Pointe.

# Der schwarze Hund

Eines Tages saß er in einer Ecke ihres Zimmers und sah sie an. Er war jung, fast noch ein Welpe, aber er starrte sie an mit der Autorität einer uralten Seele, vielleicht der ältesten Seele der Welt, denn bevor der Mensch die Schrift erfand, die Musik, die Kunst und Liebe entdeckte, da war er bereits dazu begabt, Traurigkeit zu empfinden. Und nun saß er bei ihr, der schwarze Hund, und starrte sie an, und sie wusste nicht, wo er eigentlich hergekommen war. Nur dass er ihr Angst machte, das war ihr klar. Sie wollte ihn verscheuchen, doch so sehr sie auch zischte und gestikulierte und »Weg! Weg!« flüsterte und flehte, er sah sie nur an und blieb, und als sie sich aus ihrem Bett erheben wollte, um ihn zu packen und hinauszuwerfen, da knurrte er aus tiefster Kehle und machte ihr Angst, so viel Angst, dass es sie lähmte und sie sich wieder hinlegte und die Decke über den Kopf zog, damit sie ihn nicht mehr sehen musste. Unter ihrer Decke lag sie mit bebenden Muskeln und zugeschnürtem Hals, und das Atmen fiel ihr schwer und schwerer, und die Luft wurde stickig, aber sie wusste: Noch immer saß der schwarze Hund in der Ecke des Zimmers, und würde sie die Decke lüften, würde er sie wieder anstarren und ihr Angst machen, und so blieb sie, wo sie war, denn sie wollte keine Angst haben müssen.

Doch man kann nicht ewig liegen bleiben, und nach langen Stunden, da kam sie hervor, und er saß dort und betrachtete sie aus dunklen Augenhöhlen, und ein beständiges Knurren, unmerklich fast, aber dennoch vernehmbar, grollte aus seiner Kehle.

Sie schloss die Augen und schlich sich zitternd an ihm vorbei, um ins Bad zu gehen, und es wunderte sie nicht wirklich, als er sie dort bereits erwartete, unbeweglich, in einer Ecke des Zimmers hockend, sie ständig beobachtend, selbst in den intimsten und peinlichsten Momenten ihres Alltags.

Und so kam der schwarze Hund zu ihr, an irgendeinem x-beliebigen Tag, und auch wenn sie nicht wusste, woher, so war ihr klar, er würde bleiben, vielleicht für immer, und ihre Angst wurde zu schierer Verzweiflung. Sie hätte anderen von ihm erzählen sollen in den nächsten Tagen und Wochen, aber sie wagte es nicht. Stattdessen verweigerte sie ihren Freunden und Verwandten einen Besuch bei sich, denn sie wusste: Niemand außer ihr würde dieses unheimliche Geschöpf sehen können, und man würde sie vermutlich für verrückt halten, sollte sie jemandem davon erzählen.

Und ihre Tage und Nächte wurden einsamer, und der Hund wuchs und gedieh. Freunde blieben fern, und neue Bekanntschaften schloss sie nicht, denn der Hund würde nicht zulassen, dass sie jemanden Neues in ihr Leben ließ. Er saß dort in der Ecke mit kaltem Herz und kaltem Blick und ließ keine Freude in ihr Leben eintreten. Manchmal versuchte sie, den Gedanken an das Tier zu verscheuchen, sie dachte an den Sommer, an Wiesen und Wolken, sie erinnerte sich an die schönen Tage ihrer Kindheit, auf dem Jahrmarkt, wo es Zuckerwatte gab und Karussells und Musik, sie dachte ans Meer und den Wind in ihrem Gesicht, aber die Wiesen und Wolken und die Karussells und das Meer blieben grau, die Sommertage und der Wind waren schneidend kalt, die Musik ohrenbetäubend laut und grässlich, und die Zuckerwatte schmeckte nach Asche und Staub. Und dann öffnete sie die Augen, und der schwarze Hund saß dort, wachsam und selbstzufrieden.

Er war riesig geworden, sein Fell war schmierig und dreckig, sein Schädel unförmig mit einem grauenhaft großen Gebiss mit verrottenden Zähnen ausgestattet, sein Körper aufgedunsen, und seine Läufe sahen gleichzeitig krumm und gichtig, aber auch enorm kraftvoll aus. Sie wusste, eines Tages würde er aus dieser Ecke springen und sie in Stücke reißen, und manchmal dachte sie daran, ihm zuvorzukommen, allem ein Ende zu machen, damit sie dieses Knurren und diesen Blick nicht weiter ertragen musste, aber noch war ihr das Leben zu wertvoll, um es wegzuwerfen, und sie probierte es damit, sich zu betäuben mit Chemie und Alkohol, doch der Hund blieb, und es schien ihm nur zu recht, dass sie sich all dies antat, und immer wieder weinte sie und schluchzte, und der schwarze Hund bleckte zufrieden seine schiefen Zähne. Und als sie das Haus nicht mehr verließ, da machte man sich Sorgen, und eines Tages stand ihre beste Freundin vor der Tür, und der Hund knurrte und geiferte und bellte wütend, und sie wollte ihre Freundin nicht einlassen, aber die ließ sich nicht abwimmeln, und sie saßen da, der Hund knurrte, und sie war traurig und wusste nicht, was sie sagen sollte, dass dort eine Bestie saß und sie vom Leben fernhielt, doch ihre Freundin nahm nur ihre Hand, lächelte und sagte: »Ich sehe ihn auch.«

Da weinte sie, diesmal jedoch vor bloßer Erleichterung, und ihre Freundin erzählte ihr, dass auch bei ihr der schwarze Hund einst in der Ecke saß und dass man ihn nicht töten kann, dass man ihn nicht verscheuchen kann, aber dass es ein Wort gibt, dass jeder Hund versteht: »Nein!«

Und so nahm ihre beste Freundin sie in den Arm und lehrte sie das Wort, und leise sprach sie: »Nein!«, doch der Hund rührte sich nicht und starrte sie an, und sie sagte »Nein!«, immer wieder »Nein!«, und dann sagte sie gemeinsam mit ihrer Freundin »Nein!«, und der Hund knurrte, und sie sagten »Nein!«, und ihre Stimme wurde kräftiger, und Geifer der Wut tropfte dem Hund von den Lefzen, und sie sagte »Nein!«, alleine und im Chor mit ihrer Freundin, immer wieder »Nein!«, und mit jedem Mal wurde ihre Stimme lauter, und sie sagte »Nein!«, und der Hund begann zu wimmern, irgendwann nach Monaten, vielleicht auch Jahren, und sie sagten »Nein!«, und er zuckte und wand sich, und lauter »NEIN!«, und seine Beine brachen, und ihm fielen die Zähne aus ‚und noch lauter »NEIN!«, und der Hund verlor sein Fell und erbrach Blut, und an einem Tag, an dem die Sonne schien und ein lauer Frühlingswind den Duft von blühenden Kirschbäumen zum offenen Fenster hereinwehte, da erhob sie sich und starrte dem schwarzen Hund direkt ins Gesicht und sagte »NEIN!«, und der Hund wurde dürr und schwach, er wurde wieder zum Welpen und verschwand. Und sie war glücklich, auch wenn es so lang gedauert hat, dass sie neu zu leben lernen musste, und dankte ihrer Freundin für den Beistand. Dann öffnete sie die Tür, und die Sonne schien ihr ins Gesicht, und sie sagte ein Wort, das so simpel erscheint, eine einzige Silbe kurz, und doch manchmal alle Kraft der Welt braucht:

»Ja.«


Depressionen sind scheiße. Wenn ihr jemanden kennt, der darunter leidet, lasst sie oder ihn bitte nicht allein damit. Und spart euch Bemerkungen der Marke »Ich bin auch mal traurig, ist doch kein Beinbruch« oder »Lach doch mal, dann geht's dir besser«. Wenn ihr selbst unter Depressionen leidet, schämt euch nicht dafür und sucht Hilfe. Es gibt Wege, damit umzugehen, auch wenn es nicht einfach wird. Ich wünsche euch dafür alles Gute.

Ich selbst leide zum Glück nicht unter Depressionen. Ich bin hin und wieder einfach nur schlecht drauf. Na gut, relativ oft. Aber bin ja auch Künstler. Da steht das ja quasi in der Jobbeschreibung. Ein Künstler, der immer gut druff ist, ist den Leuten suspekt. Aber ich habe eine ganz gut funktionierende Strategie gegen miese Laune gefunden. Ich gehe in die Kneipe.

# Im *Postrock*: Kommunikation

Und ich bin der Letzte im *Postrock*. Die Stühle stehen schon auf den Tischen, und auch die Barhocker stehen bis auf einen, nämlich den, auf dem ich sitze, kopfüber auf der Bar. Ich bin komplett besoffen. Steffi hat mich verlassen. Das ist schon das dritte Mal diese Woche. Diesen 24-Stunden-Turnus aus Sie-hat-mich-verlassen-Frustsaufen und Sie-ist-wieder-da-Versöhnungssex stehe ich körperlich nicht mehr lange durch.

Anneke macht keinerlei Anstalten, mich rauszuschmeißen. »Was ist los?«, fragt sie. »Du wirkst nicht besonders glücklich.«

»Gnnaghiblaark«, antworte ich.

»Das ist scheiße«, sagt sie mitfühlend. Sie ist zwar erst zarte vierzig, aber hat schon das Gebrabbel Hunderter Vollalkoholisierter entziffert. Sie spricht fließend Betrunken.

»Fließend Betrunken«, denke ich. »Witzig.«

»Gnarp gnarp«, lache ich.

»Gnarp gnarp?«, denke ich. Wer lacht denn so? Wie albern. Ich muss lachen. »Gnarp gnarp.«

Anneke ist Profithekenschlampe genug, um gelegentliche Selbstgespräche und unbegründetes Lachen zu ignorieren oder zumindest in Umsatz umzuwandeln. »Noch 'n Bier?«, fragt sie.

Ich sehe in mein Glas. Ich sollte echt langsam nach Hause gehen. »Bwaaa, na na«, verneine ich.

»Assklar«, sagt Anneke und stellt mir ein neues Bier und zwei Kurze hin. Einen führt sie sich selbst zu Gemüte. Es wäre zutiefst unhöflich, jetzt nicht weiterzutrinken. Also hebe ich mein

Schnapsglas, sage »Prnfftt tulidu« und kippe es runter. Vielleicht ist es gar kein Schnaps, sondern eine Art Industriemagenpolitur, zumindest fühlen sich meine Innereien schlagartig sehr heiß, sehr glatt und sehr sauber an.

»......«, krächze ich, und Anneke lächelt stolz. »Den macht mein Onkel selbst«, sagt sie. Ich glaube ihr aufs Wort. Ich kippe das halbe Bier als sofortige Notmaßnahme hinterher.

»Bruha wudüü«, nuschele ich. Anneke putzt Gläser und nickt traurig. »Ja, da hast du wohl recht. Es ist einfach nicht mehr dasselbe wie früher.«

Vielleicht kann sie doch nicht so gut Betrunken, wie ich gedacht habe. Oder vielleicht doch, da ich selber schon wieder vergessen habe, was ich zu ihr sagte. Vielleicht reden wir auch einfach nur die ganze Zeit aneinander vorbei. Das wäre typisch menschlich.

Mein Handy brummt. Eine SMS von Steffi. Es tut ihr sehr leid, und sie will mich wieder zurückhaben. Ich seufze. Kommunikation, dieser evolutionäre Fehlgriff in der Entwicklung der Menschheit. Ich lege das Telefon auf den Tresen und gebe Anneke per Handzeichen zu verstehen, dass ich gerne noch zwei Pintchen mit der Onkelpolitur hätte. Sie lächelt zufrieden und stellt drei Gläser hin. Eins kippt sie selbst, eins trinke ich. Das dritte Schnapsglas kippe ich auf mein Handy, mit der immer noch geöffneten SMS. Das Display fängt sofort an, zu rauchen und Blasen zu schlagen. Die Sprachsteuerung von Siri aktiviert sich. Leise höre ich Siri flüstern: »Ich verstehe nicht ...«, dann ein leises Stöhnen, das in elektronischer Verzerrung mündet, die immer leiser wird und verstummt, schließlich erlischt das Handy.

Ich schaue auf die rauchenden Trümmer. Anneke nickt wissend und stellt mir noch ein Bier hin. Die Reste des Telefons schiebe ich mit einem Bierdeckel in den Aschenbecher. Kommunikation. Manchmal muss man diesen Teufelskreis einfach mal durchbrechen.

Ja, das Zwischenmenschliche ist immer ein dankbares Thema. Als gebürtiger Ostwestfale ist mir Kommunikation ja eher fremd. Wenn zwei Ostwestfalen stumm nebeneinandersitzen ist das kein Zeichen schlechter Laune, die beiden kommen einfach nur sehr gut miteinander klar. Im Rheinland ist man da schon deutlich kommunikativer unterwegs. In Köln muss man immer mit einer netten Unterhaltung rechnen. Ob man will oder nicht. »Kölner lassen niemanden allein«, heißt es. Das ist als Drohung zu verstehen. In Sachsen hingegen wird man manchmal in Gespräche verstrickt, mit denen man eigentlich überhaupt nichts zu tun hat.

# Ja, Schatz

Ich öffele durch Dresden auf dem Weg zu meiner aktuellen Fernbeziehung.

Es ist ein sonniger Tag, die Luft riecht lecker nach Frühling, Frauen und Frittenfett, und die Stadt wurde in letzter Zeit nicht nennenswert bombardiert. Es könnte eine schöne Fahrt mit der Tram sein, wäre da nicht der Faktor Mitfahrer. Die meisten können sich benehmen, niemand skandiert faschistische Parolen oder Dynamo-Fangesänge, was oft auf dasselbe hinausläuft, einige scheinen geduscht zu haben, und niemand pupst auffällig aufdringliche Duftnoten. Einzig ein Exemplar, das zwei Sitze weiter Platz genommen hat, versucht sich gar nicht erst als funktionierendes Mitglied einer Fahrzwangsgemeinschaft zu gerieren. So wie er aussieht, wurde er bestimmt schon mal von einer Talkshow oder einer Scripted-Reality-Sozial-TV-Sendung als »zu unglaubwürdig« abgelehnt. Schon rein outfit-technisch. Ich meine: Wenn schon Kinderarbeit, dann sollten die Kleinen nicht auch noch gezwungen werden, pastellgrüne und lilafarbene Ballonseide zu unförmigsten Jogginganzügen zusammenzutackern. Aber auch der Inhalt sieht weniger aus wie mal irgendwann geboren, sondern eher wie vom besoffenen Praktikanten bei Bayer im Labor aus Resten zusammengekocht.

Nun soll man ja nicht vom Äußeren aufs Innere schließen, aber nun klingeltönt auch noch sein Handy. Irgendwas Schlimmes aus den Schlagercharts, ich will es gar nicht so genau wissen. Jedenfalls gehört der Mann im Kik-Smoking zu der mir völlig unverständlichen Gruppe Menschen, die ihr Telefon nicht ans Ohr halten oder die Umwelt mittels Kopfhörerkabelmikro irritieren. Er hält sein Handy vor den Mund wie ein Küken, das er vollzuquatschen gedenkt. Und natürlich hat er es auf Freisprechen eingestellt. Und zwar laut. Und da inzwischen die kleinen Schlaumeier jeden Ghettoblaster lautstärkemäßig weglasern, werden wir allesamt zur Ohrenzeugenschaft gezwungen.

Sie: »Hallo, Schatz.«

Er: »Hallo, Schatz.«

Aha, sie haben also den gleichen Vornamen. Is' ja knuffig. Ich beschließe, sie fortan Schatzboy und Schatzgirl zu nennen.

Schatzgirl: »Schatz, kannst du mich hören?«

Schatzboy: »Ja, Schatz, ich kann dich hören. Schatz? Schatz? Bist du noch dran?«

Anscheinend ist Schatzgirl nicht mehr dran, und -boy guckt, als hätte man ihm die letzten Lachgummis weggefressen. Er legt auf, sofort dudelt wieder Schlagerkacke los. Er nimmt ab.

Schatzgirl: »Hallo, Schatz?«

Schatzboy: »Ja, Schatz.«

Girl: »Kannst du mich hören, Schatz?«

Boy: »Ja, Schatz, ich kann dich hören.«

Girl: »Weil, ich kann dich nämlich nicht hören, Schatz.«

Boy: »Doch, Schatz, ich kann dich hören.«

Schatzgirl anscheinend nicht, -boy guckt wieder wie getreten. Er legt auf, Schlager erschallt.

Schatzgirl: »Hallo, Schatz?«

Schatzboy: »Ja, Schatz, kannst du mich *jetzt* hören?«

Er versucht inzwischen, schwachen Empfang mit Lautstärke wettzumachen.

Schatzgirl: »Schatz, ich kann dich hören, kannst du mich hören, Schatz?«

Das ist der Moment, in dem ich ein ganz kleines bisschen die Contenance verliere. Ich erhebe mich und insistiere: »Ja,

Schatz, er hört dich. Wir alle hören dich. Jeder in diesem Virenverteilungstorpedo kann dich hören, jedes einzelne Wort, das in fünfzig Prozent aller Fälle aber anscheinend ›Schatz‹ lautet. Jeder muss hier das armselige Elend eurer Verbalbalz mit anhören, weil dein Beschäler nicht in der Lage ist, die verkackte Freisprechfunktion auszumachen, sondern hier ungefragt für alle Radio Idiotika auf Sendung schickt. Es grenzt überhaupt an ein Wunder, wie so ein Körperwelten-Lebendexponat eine Frau gefunden hat, die sich von ihm begrabbeln lässt. Obwohl, wenn der Volksmund recht behält und dumm wirklich gut fickt, dann solltet ihr zwei ganz fix eine Karriere im Pornobusiness starten, ihr würdet Milliarden verdienen. Jetzt weiß ich auch, warum ihr so gerne Jogginghosen tragt, weil ihr einen Reißverschluss nicht mal mit der Kneifzange aufkriegen würdet. Euch macht doch 'n Kreuzworträtsel in der *Bild* Angst. Ihr kriegt ja nicht mal einen Nagel in die Wand gehauen!«

»Ich hab nur Poster ...«, entgegnet Schatzgirl am anderen Ende der Leitung schwach.

»Na, was Wunder«, höhne ich zurück. »Lass mich raten: Michael Wendler und Schumacher.«

»Nee, Jean-Paul Sartre und Bob Dylan.«

Ich atme tief durch, dann sage ich wahrheitsgemäß: »Oh.«

Dies ist der Moment, in dem es etwas peinlich für mich werden könnte, da wir inzwischen die ungeteilte Aufmerksamkeit aller Anwesenden genießen und mir auffällt, dass Schatzboy die frisch aufgerissene Packung von seinem Handy neben sich liegen hat, er es also wohl gerade erst gekauft und wirklich keine Ahnung hatte, wie man den Freisprecher ausschaltet. In diesem Moment öffnet sich die Bahntür. Ich nehme meinen Rucksack, schleudere Schatzboy noch ein »Trotzdem!« entgegen, dann steige ich aus. Hinter mir höre ich noch, wie Schatzgirl fragt: »Wer war das denn?«, worauf Schatzboy antwortet: »Ich glaube, das war Satan, Schatz.«

Der Zug fährt ab, und natürlich ist es nicht annähernd meine Haltestelle. Ein Blick zeigt mir, dass ich eine halbe Stunde auf den nächsten Zug warten muss. Ich schlonze in den nächsten Superladen zwecks Stärkung und hole mir zwei Snickers. Zumindest versuche ich es. Wie es Gesetz ist, stelle ich mich an die falsche Kasse, und es ist egal, an welche Kasse ich mich stelle, es ist immer die falsche.

Erst hat einer vergessen, sein Obst abzuwiegen, dann schmiert der EC-Karten-Leser ab, und schlussendlich puhlt die Omi vor mir ihre letzten Reichspfennige aus ihrem Portemonnaie. Sie legt fein säuberlich Münze für Münze ihrer Zwanzig-Euro-Rechnung auf den Tresen. Ich schnaufe genervt, dann ranze ich: »Nicht zählen können, aber unsere Generation für doof halten, das hab ich gerne.«

Omi dreht sich um. Erst jetzt sehe ich ihre weißlichen Augen und den Blindenstock. Gut, dass sie nicht sieht, wie ich knallrot werde. Einfach mal Fresse halten, denke ich und sage beschämt: »Mumpf«, und mache, dass ich wegkomme. Ich warte ohne Snickers, aber mit etwas Restwürde auf meine Tram und komme viel zu spät zu Hause an. Mein Mädchen hat schon gegessen, ich muss mir selbst noch was kochen. Ich schaffe es, meine Spaghetti anbrennen zu lassen. Während ich die unleckersten Nudeln der Welt herunterwürge, gucken wir *Wer wird Millionär?*. Der Kandidat schwitzt sehr viel und hängt bei der 16.000-Euro-Frage mächtig in den Seilen. Er tippt auf Antwort D, und ich lache verächtlich. »Ah, du Spacken. Das sollte man ja wohl wissen«, sage ich, und D ist richtig. Mein Mädchen lacht mich aus. Ich halte für den Rest des Abends lieber die Klappe. Als wir schlafen gehen, frage ich sie: »Sag mal, hältst du mich für einen klugen Menschen?«

Sie küsst mich auf die Nase und sagt: »Ja, Schatz. Und du bist echt gut im Bett.«

Sie macht das Licht aus, und ich liege da und denke: »Na super.«

Bevor ich einschlafe, nehme ich mir fest vor, am nächsten Tag bei Kik einen Jogginganzug zu kaufen. Leute machen manchmal eben Kleider.

Letzten Endes bleibt einem bisweilen nichts anderes übrig, als sich in Gespräche anderer Leute einzumischen. Da werden im öffentlichen Raum privateste Dinge lautstark herausgekräht, dass es nur so eine Wonne ist. Wo früher großer Aufwand und kriminelle Energie vonnöten waren, um Industriespionage zu betreiben, so kann man sich heute einfach in einen ICE setzen und mitschreiben, was die Wichtigtuer und Schlipsträger in ihre Taschentelefone dröhnen.

Wenn die versammelte Nachbarschaft auf dem Ausflugsdampfer die peinlichen Probleme ihrer Nachkommenschaft diskutiert, bedürfte es heutzutage nur einer schnellen Recherche, um die Kontaktdaten der Besprochenen rauszufinden und der kleinen Irina per WhatsApp oder WhatsAuchimmer zu stecken, dass jetzt jeder in ihrem Vorort über ihre Menstruationsbeschwerden Bescheid weiß, oder dem lieben Kevin weiterhin alles Gute mit seinem Wanderhoden zu wünschen.

Manchmal vermisse ich die immobile Kommunikation oder die guten alten und schalldichten Telefonzellen. Wobei, hier und da siegt dann doch die menschliche Neugier, und man würde gerne mal Stasi spielen.

# Mutter und Tochter 2.0

- Huhu! Rate mal, wer jetzt auch ein Smartphone hat!
- Hallo, Mama.
- Super, was? Jetzt können wir uns immer schreiben.
- Juhu. Bin begeistert.
- Und du kannst mir jeden Tag erzählen, wie es in der Schule war.
- Ich gehe nicht mehr zur Schule. Ich studiere.
- Ich weiß. Aber du kannst mir ja trotzdem schreiben, ob du gute oder schlechte Noten hast oder wie deine Lehrer so sind.
- Ich kriege keine Noten, sondern Scheine. Und wir haben auch keine Lehrer. Wir haben Dozenten und Professoren.
- Da habe ich wohl eine kleine Klugscheißerin in die Welt gesetzt, was?
- Was willst du, Mama?
- Kann man sich nicht einfach mal so bei seiner Tochter melden?
- Kann man eine Frage auch ohne Gegenfrage beantworten?
- Sei nicht so schnippisch.
- Ich bin gar nicht schnippisch.
- Bist du wohl.
- Bin ich nicht.
- Du kriegst einen neuen Vati.
- WAS?
- Du wolltest doch wissen, warum ich dir schreibe. Ich wollte dir erzählen, dass ich einen neuen Freund hab.

- OMG!
- OMG?
- Das heißt »Oh, mein Gott!«.
- Warum schreibst du dann nicht »Oh, mein Gott!«?
- Weil man das so schreibt bei WhatsApp.
- Ich sag's doch: Klugscheißerin.
- Das hat mit Klugscheißen nichts zu tun. Das ist so üblich. Da wirst du dich dran gewöhnen müssen, jetzt wo du 2.0 bist.
- Ich bin 47.
- LOL.
- LOL? Ist deine Tastatur kaputt?
- Nein, L O L. Das bedeutet »Laugh out loud«.
- Aha. Und was soll das denn schon wieder heißen? Du weißt, dass ich kein Französisch kann.
- Das ist Englisch.
- Ach, ist doch alles das Gleiche. Ich bin mit Deutsch immer zurechtgekommen. Ich weiß wirklich nicht, wozu wir all diese neumodischen Angelzilismen brauchen. Auf Mallorca hat mich noch jeder verstanden.
- Ja, Mama.
- Na gut, dann bis morgen dann, meine Süße.
- Mama?
- Ja bitte?
- Was soll das heißen: Ich kriege einen neuen Vati?
- Ach so, ja. Mein neuer Freund. Das ist recht ernst, also wird er dein neuer Papa.
- Ich hab schon einen. Außerdem bin ich 22 Jahre alt, ich brauch keinen neuen Papa.
- Du wirst schon wieder schnippisch.
- Ich! Bin! Nicht! Schnippisch!
- ... sagte sie schnippisch. Gewöhn dir das nicht an, so was macht hässlich. So kriegst du nie einen Kerl.
- Sehr witzig.

- LOL?
- Nicht wirklich. Ich hab übrigens einen Freund, danke der Nachfrage.
- Ach was. Du erzählst mir ja auch wirklich gar nix mehr.
- Wir sind noch nicht sooo lange zusammen.
- Ich mit meinem auch nicht. Das ist alles noch ganz frisch. Und ziemlich wild, wenn du verstehst, was ich meine.
- OMG! TMI!
- Nö, der heißt nicht Tim.
- Nicht Tim, TMI. Too much information. Zu viele Informationen. Ich will nichts über das Liebesleben meiner Mama wissen, das ist gruselig.
- Ach ja, Sex ist ja das Vorrecht der Jugend.
- MAMA!
- Entspann dich mal, oder habe ich etwa eine verklemmte Puritanerin großgezogen?
- Ich bin keine Puritanerin. Woher kennst du solche Wörter überhaupt?
- Mein Telefon hat ein Fremdwörterlexikon. Voll praktisch.
- Dann schlag mal »promiskuitiv« nach.
- Moment.
- Das war eigentlich ironisch gemeint ...
- Du denkst also, ich wäre notgeil?
- Nein.
- Verkneif dir so was, junges Fräulein. Nur weil dein Vater sich verkrümelt hat, gedenke ich nicht, zu Hause zu sitzen und Socken zu stricken. Ich hab immer noch Bedürfnisse.
- Ist ja gut.
- Und es ist schön, mal wieder die körperliche Liebe mit einem jungen und vitalen Mann zu erfahren.
- OMG! Wie alt ist er denn?
- 31.
- Ach du Scheiße! So alt ist MEIN Freund.

- Na und? Dann können wir ja mal was gemeinsam machen, dann haben unsere Kerle vielleicht gemeinsame Gesprächsthemen. Das wäre doch lustig.
- OMG!
- Mach mal kein Drama daraus. Gerard meint, man ist immer so alt, wie man sich fühlt.
- Dein Freund heißt GERARD?
- Ja und?
- MEIN Freund heißt Gerard.
- Na ja, ist ja auch ein häufiger Name. Es wird aber wohl nicht so viele Gerards geben, die mit Nachnamen Brettermeier heißen.
- OMG! OMG! OMG!
- Was denn?
- MAMA! WIR DATEN DENSELBEN TYPEN!
- Na, so was. LOL?
- Voll nicht LOL! Das ist total abartig.
- Irgendwie schon. Was machen wir denn jetzt?
- Was wir machen? Wir machen Schluss mit dem Penner. So ein verlogener Wichser. Büäh, das ist ja fast Inzest.
- Aber er ist schon recht hübsch.
- Mama!
- Ja, na gut. Schade drum. Siehste, gut, dass ich jetzt ein Smartphone hab. Sonst hätten wir das viel später gemerkt, und dann hätte es echt peinlich werden können.
- So ist es ja auch überhaupt nicht peinlich ...
- Würde ich jetzt nicht sagen.
- Ironie, Mama. Ironie.
- Ach so. LOL.
- Jetzt hast du's kapiert. Tschüss, Mama. Ich muss jetzt mein Bett verbrennen.
- Tschüss, meine Süße.
- HDGDL, Mama.
- Was?

WhatsApp und diese ganzen Messenger sind nichts für mich, vor allem auf dem Handy. Dafür habe ich einfach zu dicke Finger, das macht keinen Spaß. Wo andere die Autokorrektur brauchen, um enigmatische Botschaften von einem anderen Stern zu kreieren, schaffe ich das durch bloße Grobmotorik. Das will keiner lesen, das kann keiner lesen. Ich bevorzuge das persönliche Gespräch, soll heißen, nebeneinandersitzen und die Klappe halten. (Remember: Ostwestfale.) Aber leider haben nicht alle meine Mitmenschen Verständnis für die hohe Kunst nonverbaler Kommunikation. Da habe ich dann keine andere Wahl, als doch zum Telefon zu greifen.

# Linkshänder sind auch Menschen, irgendwie

Als ich die Nummer gewählt hatte und ein kaum merkliches Knacken in der Leitung die Annahme meines Anrufes verkündete, da wartete ich gar nicht erst lange ab, sondern legte ohne viel Federlesens direkt los: »Na, mein schnuppeliges, kleines Bumsbienchen, hier ist dein Lustgrottenstecher. Ich werde heute Abend zu dir kommen, und ich erwarte, in nuttigstmöglicher Aufmachung empfangen zu werden. Mein Hosenpresslufthammer steht schon den ganzen Tag wie eine Eins, ach, was sage ich, wie eine Elf, denn für meine Fickmaus steht er doppelt hart. Ich werde dich heute knattern, dass es nur so raucht, und du sollst mich so richtig entsaften, bis mir das Rückenmark vertrocknet. Wir machen's wie die Tiere, denn ich bin das Einhorn und du die Drei-Loch-Stute. Ich werde dich so tief und lange lecken, dass du denkst, du wärst ein Becher Kratzeis. Heute Abend, meine kleine Sexelfe, wird gefickt, dass es den Begriff ›episch‹ neu definiert. Was sagst du dazu?«

Am anderen Ende der Leitung war es einen Moment still. »So redet man nicht mit seiner Mutter«, sagte meine Mutter dann.

Verdammt. Panisch drückte ich auf meinem Handy herum, brüllte »Falsch verbunden, falsch verbunden, hören Sie auf, mich zu belästigen, rufen Sie mich nicht wieder an!«, und als der Anruf immer noch nicht unterbrochen war, schmiss ich das Handy ins Klo und drückte den Spülknopf für das große Geschäft. Dann atmete ich tief durch. Gerade noch mal Glück gehabt, das hätte echt peinlich werden können.

Dabei hatte ich bloß die falsche Zeile in meinen Telefonkontakten angetippt. »Mama« statt »Manuela«. So was passiert mir ständig. Es ist immer nur eine Frage von Zentimetern, manchmal auch nur Millimetern, aber ich liege stets leicht daneben, denn ich bin Linkshänder. Ich weiß, das ist schockierend, denn wer mich so sieht, wie ich mich durch den Alltag bewege, käme nie auf die Idee, dass ich einer von »denen« bin. Meine Eltern haben es vermutlich immer geahnt und mir auch keine Vorhaltungen gemacht, als ich mich mit siebzehn Jahren geoutet habe. Sie nickten nur verständnisvoll und verbrannten die Fotoalben mit meinen Kinderfotos. Inzwischen leben sie unter falschem Namen in Castrop-Rauxel, und ich darf zweimal pro Jahr bei ihnen anrufen.

Ich bin froh, dass sie es so locker genommen haben. Andere Eltern hätten vermutlich total überreagiert.

Eigentlich käme ich ganz gut mit meiner Linkshändigkeit klar, aber ich lebe leider unter einer Mehrheit der Rechten, und wenn es irgendwo eine Mehrheit gibt, kommen schnell mal Vorurteile auf. Linkshänder wären ja ach so kreativ, heißt es gerne mal. Na gut, stimmt. Ebenfalls richtig ist, dass Linkshänder eine geringere Lebenserwartung haben. Das hat schlicht und ergreifend damit zu tun, dass so ziemlich alles, mit dem man im Alltag zu tun hat, auf Rechtshänder ausgelegt ist. Seien es Scheren, Sägen oder Atomkraftwerke, alles ist rechts. Wenn ich eine Dose öffne, schwebe ich in Lebensgefahr. Jedes Mal, wenn ich Kartoffeln schäle, lasse ich die Filmmusik aus *Indiana Jones* laufen, denn ich begebe mich auf ein Abenteuer, von dem es möglicherweise keine Rückkehr gibt. Bediene ich eine größere Maschine, wie einen Schredder, eine Kettensäge oder das Ladekabel von meinem Smartphone, update ich vorher ein Testament. Es sind manchmal nur Mikrometer im Design von Griffen oder Schaltern, die einen feinen, aber blutigen Unterschied machen. Passt man bei der Bedienung zum Beispiel einer Kaffeetasse nicht mit der gespannten Aufmerksamkeit eines Bombenentschärfers auf und ist nur einen Sekundenbruchteil unaufmerksam, zack, ist der Kopf ab. Als *Nirvana*-Fan bin ich mir ziemlich sicher, dass mein Schicksalsvetter Kurt Cobain sein Gewehr eigentlich nur kurz mit der Linken sauberwischen wollte, während er am Lauf leckte, um zu testen, ob es vielleicht rostet. Wir leben gefährlich, und anstatt uns als Helden des Alltags zu feiern, werden Linkshänder gemobbt und belächelt. Wie oft wurde ich schon »linke Zecke« genannt. Sind Zecken Linksfüßler? Ich weiß es nicht. Alternative Lebensentwürfe sind dem Normalbürger ein Graus.

Das muss auch mein Kumpel Klaus immer wieder feststellen. Der ist zwar kein Linkshänder, wird aber immer schief angeguckt wegen seiner Freundin Bettina. Bettina ist ein Außenbereichsstromverteilerkasten und steht in unserer Straße neben dem Kiosk. Klaus ist objektophil. Er interessiert sich weniger für »sie« oder »ihn«, sondern mehr für »es«. Ich verstehe die Ablehnung nicht, die Klaus und seiner Bettina entgegenschlägt. Sie sind ein sehr schönes Paar, er der Quirlige, sie eher die Ruhige. Er besucht sie täglich, bringt ihr Blumen und kleine Geschenke mit, er reinigt seine Freundin, wenn mal wieder Plakate an ihr aufgehängt wurden oder sie mit Spraydosen, Edding oder Aufklebern vandalisiert wurde. Nie höre ich die beiden streiten. Und anstatt sich darüber zu freuen, dass sich da zwei gefunden haben, gibt es nur dumme Kommentare und böse Blicke. Gut, ich kann verstehen, dass es einige etwas befremdlich finden, dass ihr Sexleben in aller Öffentlichkeit stattfindet, aber wo sollen sie denn auch hingehen? Zu Klaus können sie natürlich nicht, das ist klar, weil sich Bettina und seine Mutter überhaupt nicht verstehen. Klaus' Mama ist halt überzeugte Protestantin und Bettina ein Verteilerkasten, da gibt es kaum gemeinsame Gesprächsthemen. Also treffen die zwei sich immer bei Bettina, aber ich glaube nicht, dass es ihr Verhältnis irgendwie belastet.

Innig stehen sie da und schmusen. Sie sind ein sehr putziges Paar, trotzdem schlägt ihnen immer wieder Hass und Objektophiliephobie entgegen.

Das verstehe ich nicht. Warum können die Leute nicht einfach die Lebensentwürfe ihrer Mitbürger akzeptieren und sich für andere freuen? Stattdessen versauen sie sich und anderen die gute Laune mit ihrem HassHassHass. Alles wird momentan gehasst: Schwule, Flüchtlinge, Gutmenschen, böse Menschen, blöde Menschen, Familien ohne Kinder, Familien mit Kindern, Kinder mit Familie, Kinder ohne Vorschulabschluss, selbstbewusste Frauen, bewusstlose Männer, Sachsen und Thüringer, Bayern und Schalker, Fußballfans und Fußballmuffel, manche hassen Hunde oder Katzen, Kirmes oder Karneval, Hip-Hop oder Heavy Metal, Windkrafträder, Rennräder oder Motorräder, und manche hassen Milch!

Hallo?

Milch hassen?

Da hört's doch auf.

Gut, ich kann verstehen, dass man irritiert ist, schließlich haben Kühe nur halb so viele Brüste wie Menschenfrauen bei doppelter Nippelanzahl, das kann einen schon verwirren. Aber muss man sie deshalb gleich hassen? Ihr laktoseintoleranten Lebensmittelnazis, hört auf mit dem Mist, das macht nur schlechte Laune.

Stoppt den Hass!

Ob Linkshänder, Stromkästenliebhaber oder Milch, wir alle wollen hier und da mal in den Arm genommen werden, aber die Hauptsache ist: Wir wollen in Frieden leben und ohne euren dumpfen Hass.

Linkshänder sind schließlich auch Menschen.

Irgendwie.

Gegen Rechte! Für Linke!

Gegen Laktoseintoleranz! Für Laktosetoleranz!

Gegen Objektophiliephobie!
Für Objektophiliephobieintoleranz!
Für die Liebe!
Für alle!
Und vor allem: Für euch!

Seit ich diesen Text geschrieben habe, treibt mich die Sorge um, mich ebenfalls in einen Gegenstand zu verlieben. Ich meine, es fällt mir schon schwer, Frauen anzusprechen, wie soll das dann bei einem Gegenstand laufen? Oder wäre es eine Gegenständin? Natürlich nicht, bleiben wir, Achtung, Wortspiel, sachlich. Aber worüber mit es reden? Und was, wenn erwartungsgemäß keinerlei Antworten kommen? Ich hab schon Probleme, eine Konversation mit lebendigen Gesprächspartnerinnen am Laufen zu halten. Und in was für einen Gegenstand könnte ich mich eigentlich verlieben? Die meisten scheinen Smartphones oder Autos zu bevorzugen, zumindest pflegen nicht wenige ein geradezu erotisches Verhältnis dazu. Aber für mich ist das nix, schon rein finanziell. Generell müsste es etwas sein, das ohne Elektronik oder Motor auskommt. Da die heutzutage in fast allem verbaut werden, damit das Gerät möglichst zum Erscheinen eines Nachfolgemodells verlässlich kaputtgeht, würde das nur meine Verlustängste befeuern. Und dann muss man sich auch noch als umweltbewusster Mensch um die Entsorgung kümmern, anstatt die Geliebte wie üblich einfach im Garten zu verbuddeln. Mit einem Smartphone macht man so was besser nicht. Hinterher verseucht man das Grundwasser, und überall fallen die Leute tot um. Nein, nein, das will ja keiner. Man muss schon ein bisschen aufpassen mit der Welt, schließlich hängt alles mit allem zusammen, das habe ich schon in der Schule gelernt, als wir die Kirschkerntheorie durchgenommen haben.

Wie, Sie kennen die Kirschkerntheorie nicht? Haben Sie etwa in der Schule nicht aufgepasst? Oder hatten Sie Singen und Klatschen als Wahlfächer? Na, was für ein Glück für Sie, dass ich mich auch einem pädagogischen Auftrag verpflichtet sehe.

# Die allgemein bekannte Kirschkerntheorie

Einmal, da hatte ich eine Kirsche gegessen. Sie war von optimalem Reifegrad und Biss gewesen, sehr saftig und im allerbesten Verhältnis ebenso süß wie säuerlich. Nach diesem kurzen, aber umso intensiveren Genuss beschloss ich, dass dem verbliebenen Kirschkern eine angemessene Erdbestattung zustand, und ich vergrub ihn im Boden. Dort schlug er tatsächlich aus, und alsbald, in nur wenigen Tagen, wuchs ein stattlicher Kirschbaum heran. Doch statt vieler Früchte brachten seine prächtigen Äste nur eine einzige Knospe hervor. Als diese aufbrach, entpuppte sich die enthaltene Blüte als schüchtern wirkender Schmetterling, der sich flugs auf und davon machte. Verschreckt und orientierungslos flatterte der Kollege umher, und als er vor der Nase eines Warzenschweins herumzappelte, da erschreckte er es so sehr, dass es davonstob, direkt vor die Flinte eines armen Bauern, der sich freute, dass ihm der Zufall genug Fleisch vor Kimme und Korn getrieben hatte, dass er davon seine Familie satt machen könnte. Doch wie er am heimischen Feuer das Warzenschwein briet, da ließ ihn sein Hunger ungeduldig und fahrig werden, und er warf viel zu viel Holz ins Feuer, und alsbald brannte das Fleisch, die Küche und das Haus des Bauern, und bald war ganz Mexiko in Flammen aufgegangen.* Da man in Mexiko neben einer großen Menge Drogen auch absurd viele Autoreifen lagerte, entstand ein furchtbar stinkender Rauch, der

---

* Was ich in Mexiko gemacht habe, ist eine andere Geschichte, die ich mir noch ausdenken muss.

das ganze Land einhüllte und sich nordwärts bewegte und so höchst illegal die Grenze in die Vereinigten Staaten von Amerika überquerte, wo er in Nevada ein Gelände erreichte, auf dem einige Einheiten der Armee gerade ein Manöver abhielten, das aufgrund des dichten Rauches, der schnell alles bedeckte, ein klein wenig außer Kontrolle geriet. Die im Rauch enthaltenen Drogen ließen die Kameraden schnell übermütig werden, sodass man sich kaum darüber wundern muss, dass ein Panzerschütze nun der Ansicht war, Übungsmunition wäre etwas für Muttersöhnchen, was sehr ironisch war, denn auch er war einst von einer, nämlich seiner, Mutter geboren worden. Stattdessen lud er scharfe Munition, drehte den Turm seines Panzers wie einen Brummkreisel und sang dazu »Der Plumpssack geht um«, bevor er irgendwann, als ihm so richtig lustig schwindelig geworden war, auf den Feuerknopf drückte und gen Osten schoss. Nun sollte man meinen, ein abgefeuertes Geschoss hätte nur eine begrenzte Reichweite, in diesem Fall, sagen wir mal, ein paar Kilometer. Aber es war nun gerade Wahlkampf in den Vereinigten Staaten, und so ritt das Projektil auf einem landesweiten Polster heißer Luft, die am Boden allerorten ausgestoßen wurde. Mittels dieser Unterstützung durchquerte es das gesamte Land, bis es schließlich durch das Wohnzimmerfenster eines gewissen Archibal Hamilton III. flog und dies zu einem furchtbar unpassenden Zeitpunkt, da Archibal Hamilton III. (dritter Träger dieses Namens nach seinem Vater Archibald Hamilton II. und seinem Großvater Archibald Hamilton d. Ä.) in seiner Wohnung einen Stuhl auf einem Tisch drapiert hatte und auf dem Stuhl einen Hocker und gerade dieses statisch hochgradig bedenkliche Gedöns erklomm, um seine Zimmerdecke zu erreichen, an der ein Rauchmelder montiert war: ein durchweg sinnvolles Gerät, das Archibald Hamilton III. aber zu sehr an einen schlimmen Albtraum der vorangegangenen Nacht erinnerte, in dem er von Außerirdischen in rauchmelderförmigen Fluggeräten entführt und auf unhöflichste und unerfreulichste Art untersucht worden war. Es kam hinzu, dass die Ersatzleiter nicht nur sehr wackelig, sondern Archibald Hamilton III. auch noch sehr dick war. Nicht nur dick, er war fett, auf ganz furchtbare Art und Weise fett. Dass er sich überhaupt auf dem Gebilde halten konnte, verdankte er einer langen und sehr erfolgreichen Karriere als Seiltänzer, denn ebenso wie sein Vater Archibald Hamilton II. und sein Großvater Archibald Hamilton d. Ä. war Archibald Hamilton III. einst beim Zirkus und ein drahtiger und athletischer Kerl gewesen. Doch als man seine Lieblingsfernsehserie, die durch und durch hervorragende Science-Fiction-Reihe *Firefly,* nach nur einer Staffel abgesetzt hatte, sah Archibald Hamilton III. keinen Sinn mehr in der Seiltänzerei und begann, seinen Kummer mit Fressorgien zu betäuben, sodass man ihn nun mit Fug und Recht einen sehr, sehr, sehr, sehr fetten Mann nennen konnte. Und nun stand er auf einem sehr wackeligen Konstrukt, just in dem Moment, da ein verirrtes Geschoss zum Fenster hereingeflogen kam und zwei Stuhlbeine durchschlug. Archibald Hamilton III. wusste gar nicht, wie ihm geschah, da krachte er schon mit dem vollen Gewicht eines sehr, sehr, sehr, sehr fetten Mannes auf den Boden seines Wohnzimmers. Die Erschütterung war so immens, dass sie die gesamte Insel Manhattan in Schwingungen versetzte. Da die Insel geografisch gesehen ein ziemlich verschmitzter Schlingel ist, schaukelten sich diese Schwingungen auf und auf und ab und auf und ab und dann wieder auf, auf, auf, bis die ganzen Wolkenkratzer hochhüpften und wieder herunterkrachten, wobei sie sich stapelten und verkeilten, was unter anderem von Alexei Leonidowitsch Paschitnow, dem Erfinder des Videospiels *Tetris,* beobachtet wurde, der gerade für einen Vortrag über die Metaphysik des Drehens quadratischer Klötze in der Stadt war und kopfschüttelnd bekundete: »Das hatte ich irgendwie anders in Erinnerung.«

Nun ist das Leben bekanntermaßen kein Game-Boy-Bildschirm, und die gestapelten Hochhäuser lösten sich nicht auf, sondern plumpsten in den Atlantik und erzeugten eine gewaltige Welle, die sich auf den weiten Weg nach Europa machte. Nun war die Welle zwar mächtig groß, aber der Weg bis zur ostfriesischen Küste sehr weit, sodass man schon sehr genau hätte messen müssen, um einen Anstieg des Meeres zu erfassen, als sie Deutschland erreichte, und wahrscheinlich wäre es das gewesen, hätte nicht Walter Wattenscheidt, der weltweit beste Wellenabschätzer, seinen Tag dort mit Wellenabschätzen verbracht. Niemand machte ihm im Wellenabschätzen etwas vor, vor allem weil er der einzige Wellenabschätzer der Welt war. Er tänzelte am Strand entlang, immer genau dort, wo die heranströmenden Wellen verebbten und sich enttäuscht wieder ins Meer zurückzogen. Nie bekam Walter nasse Füße, denn er beachtete alle Faktoren und tanzte sicher auf dem schmalen Grat zwischen Land und Ozean. Er konnte allerdings nicht wissen, dass ich eine Kirsche gegessen hatte, aus der ein Baum gewachsen war, aus dem ein Schmetterling schlüpfte, der ein Warzenschwein erschreckte, was zum Niederbrennen Mexikos führte, was einen verirrten Schuss gen New York verursachte, was den Fall eines sehr, sehr, sehr, sehr fetten Mannes auslöste und eine Welle entstehen ließ, die der beste Wellenabschätzer der Welt nicht hatte kommen sehen können. Und so bekam Walter nasse Füße, das erste Mal in seiner Karriere als professioneller Wellenabschätzer, und er erschrak sich fürchterlich und rannte schreiend und kreischend über den Strand. Die anderen Besucher gerieten ob seiner Panik in Panik, denn man weiß ja nie, warum jemand in Panik ist, es könnte ja was Wichtiges sein, wie zum Beispiel ein Tsunami oder Terroristen oder Invasoren oder Investoren oder Terroristen, und da ist es ratsamer, sich erst mal, nur zur Sicherheit, der Panik anzuschließen.

Im Zeitalter des Getwitters verbreitete sich die Panik rasend vom Strand durchs ganze Land, und man konnte kaum so schnell gucken, da rannten achtzig Millionen Deutsche mit wedelnden Armen und weit aufgerissenen Mündern auf und ab und erzeugten einen heftigen Wind, der sich ostwärts bewegte. Über Russland versetzte das kalte Klima, das vor allem über dem Kreml herrschte, den Wind in Rotation, die über der Mongolei, bekannt für ihre weiten Grasflächen und putzigen Ponys, so richtig Fahrt aufnahm und einen stattlichen Tornado erzeugte, der schließlich China durchquerte und auf Peking zusteuerte. Die Weltpresse, die immer für eine gute Katastrophe zu haben ist, richtete ihre Kameras auf die zu erwartenden Verheerungen oder noch besser Todesopfer. Doch als der Tornado die Hauptstadt schließlich durchquerte, erwies er sich als sehr verkehrssicherer Wirbelwind, der sich an Straßenverläufe, aber nichts von Abkürzungen durch Wohnhäuser hielt und sogar die Vorfahrt einer älteren Dame respektierte, sodass er, ohne Schäden zu hinterlassen, einen Marktplatz erreichte, wo er sich auflöste, nicht ohne jedoch vorher versehentlich ein Leinenbehältnis, befüllt mit zehn Kilo feinstem Basmati, zu touchieren, das daraufhin seine Balance einbüßte und zu Boden fiel. Und nun hatte also die ganze Welt zugesehen, wie in China ein Sack Reis umgekippt und ein schönes Sprichwort für immer verloren gegangen war, und das nur, weil ich einen Kirschkern vergraben hatte.

Ich hätte sicherlich ein furchtbar schlechtes Gewissen deswegen gehabt, allerdings bekam ich nichts davon mit, denn direkt im Anschluss an die Aussaat hatte ich mich an mein Projekt gemacht, ein Loch bis zum Erdinneren herunterzubuddeln, und so was dauert ein, zwei Wochen, da verpasst man einiges. Ich buddelte und buddelte, doch stieß ich nirgends auf Magma oder Dinosaurier in einer Hohlwelt, wie man es vermuten sollte. Stattdessen fand ich im Allerinnersten unseres blauen Planeten nur einen Kirschkern, und ich musste darüber sehr lachen, denn das beweist nur mal wieder, dass, so seltsam die Dinge auch scheinen, sie alle miteinander in Zusammenhang stehen und wir vielleicht einfach alle mal nett zueinander sein sollten, weil man nie weiß, was man sonst anrichtet.

Man lernt eben nie aus. Auch wenn man, so wie ich, schon ein Weilchen aus dem schulischen Betrieb raus ist, sammelt das Gehirn weiter munter Informationen auf, die man niemals braucht. Man sagt ja, das Gehirn wäre ein Muskel, der trainiert werden muss. Rein anatomisch gesehen ist das natürlich herrlicher Schmarrn, aber als Metapher funktioniert es. Der kleine Matschcomputer, den wir in unserem Organbehälter spazieren führen, braucht sein Training, neue Eindrücke und neuartige Informationen zu verarbeiten, ansonsten verblödet man und landet als unförmiger Fleischhaufen auf einem unförmigen Sofa und guckt ein unförmiges Fernsehprogramm. Um das zu vermeiden, stelle ich mich ständig neuen Herausforderungen. Keine Weltreisen, kein neues Studium oder horizonterweiternde Fahrten in den Orient, nein, ich gehe es etwas gelassener an. Zum Beispiel mit Joghurt.

# The Joghurt is the Limit

Ich versuche momentan, immer mal wieder was Neues zu probieren. Nicht in meinem gesamten Lebensbereich, aber immerhin im gastronomischen. »Was der Bauer nicht kennt, das frisst er nicht«, heißt es da, wo ich herkomme, und nach dieser Maxime habe ich lange gelebt und mir einiges verwehrt. Jetzt versuche ich, nicht mehr ganz so sehr Ostwestfale zu sein und dem Bauern in mir mal ein paar neue Genüsschen schmackhaft zu machen. Zum Beispiel habe ich als kleiner Bub Rosenkohl stets aufs Tiefste verachtet. Zu bitter, zu bäh. Mochte ich überhaupt nicht. Aber neulich dachte ich mir, ich könne es mal wieder versuchen. Schließlich ist das Zeug ziemlich gesund, ein regionales Produkt, das man nicht unter $CO_2$-Verbrennung epischen Ausmaßes um den halben Planeten schippern muss, und im Alter wird man ja bekanntlich empfänglicher für Bitterstoffe. Also kochte ich mir eine gutbürgerliche Mahlzeit mit ordentlich Rosenkohl, ließ meinen inneren Bauern einen guten Mann sein und schaufelte mir ordentlich was rein, und siehe da: Schmeckte immer noch scheiße.

Aber solche kleinen Rückschläge halten mich nicht davon ab, trotzdem auch mal Abwegiges zu probieren, zum Beispiel beim Joghurt. Statt wie gewohnt meinem Beuteschema Schoko/Nuss/Erdbeer/Kirsch zu folgen, taste ich mich an Exotischeres ran. Mal den Kopf aufmachen und den Gaumen. Sachen ausprobieren. Neulich landete die Sorte »Pannacotta-Mango-Kirsch« in meinem Einkaufskorb, ein weiterer Beweis dafür, dass es uns in Deutschland nicht so schlecht gehen kann, wenn es Joghurt »Pannacotta-Mango-Kirsch« gibt. Erst zu Hause beim Einräumen der Einkäufe fiel mir ein Zusatz unter dem Markenlabel auf: »limitiert«.

»Stark«, dachte ich zuerst. »Diesen Joghurt laminiere ich ein und verticke ihn in zehn Jahren auf Ebay für einen Haufen Bitcoins.«

Das habe ich natürlich nicht gedacht, ich bin ja nicht blöd. Zumindest nicht so blöd. Das ist nur ein billiges literarisch-humoristisches Mittel, das den Leser oder die Leserin dazu bringen soll, über das Bild von einlaminiertem Joghurt zu schmunzeln, wenn nicht sogar, sich beherzt auf die Schenkel zu klopfen. Vielmehr dachte ich: »Was ist das denn wieder für ein Marketingschwachsinn?«

Wie die meisten klugen Menschen höre ich gute Musik und lese Comics. Und in diesen Bereichen bedeutet »limitiert«, dass eine CD oder Platte oder ein Comic nur in einer sehr geringen Auflage erscheint. So gering, dass es an Verkaufsständen gerne mal zu tumultartigen Zuständen und sogar Gewaltexzessen kommt. Da werden sich gegenseitig überreife Pickel ausgedrückt, da wird mit Mängelexemplaren aufeinander eingedroschen, dass es nur so splattert, und mit Anrufen bei der gegnerischen Mutter gedroht. Es geht schlimm und schaurig zu auf Comic- und Plattenbörsen, aber glaubt mal bloß nicht, dass sich da mal Blauhelme oder *Ärzte ohne Grenzen* blicken lassen, die haben auch ihre Grenzen.

Hat man sich eine sonnenoberflächenheiß begehrte Nullnummer erkämpft oder ein fünfzehnfarbiges Vinyl mit Tannenduft ergattert, dann gibt es zwei Sorten von Käufern. Die eine hortet ihren Erwerb als Spekulationsobjekt und wartet emotionslos die Wertsteigerung ab, die andere setzt sich in der heimischen Einliegerwohnung auf einen Felsen, beobachtet, lustvoll vor sich hin verwahrlosend, die in einer Vitrine sorgsam verstaute Beute und murmelt »Mein Schatz. MEIN Schaaaatz!« vor sich hin. Ein Kaffeefleck, ein Knick oder gar ein fettiger Fingerabdruck auf der Rarität haben den sofortigen brutalen Suizid des Käufers mit anschließender anonymer Feuerbestattung zur Folge.

Anders gesagt: »Limitiert« steht für »besonders« oder »selten« oder »besonders selten«. Während ich den »limitierten« Joghurt betrachte, zweifele ich stark daran, dass er besonders selten ist. Niemand hat versucht, mir ins Ohr zu beißen, als ich im Laden danach gegriffen habe, oder mich vor der Kühltheke umgetackelt. Ich habe auch keine besonders lange Schlange aufgeregter Joghurtgroupies vor dem Supermarkt bemerkt. Da war überhaupt keine Schlange. Nicht mal ein Wurm.

Es gibt einmal im Jahr Aktionen für Nerds wie den »Gratis Comic Tag« oder den »Record Store Day«. Da gibt es Vorfreude unter den Sammlern, man verabredet sich und steht pünktlich zur Ladeneröffnung auf der Matte. Vor der Tür campiert wird eher nicht, das ist mehr was für Leute, die unbedingt ein iPhone am Erscheinungstag haben müssen, sonst zürnt ihnen der heilige Jobs, und es drohen Hirnfäule und Unfruchtbarkeit oder so was. Das sind keine Nerds, das sind marketinghörige Vollpfosten mit zu viel Geld, die sich mal lieber ein Leben zulegen sollten statt hoffnungslos überteuerte Spielzeuge. Statt zu campieren, wird bei Vinylfans lieber morgens gemeinsam vorgeglüht, das heißt, man kauft sich schon mal in Onlineshops warm und sortiert die Sammlung neu. Es ist was Besonderes.

Ein Joghurt ist eher nichts Besonderes. Niemand hat mich angerufen, mir eine Nachricht geschrieben oder gepostet: »ALTER! IN SECHS TAGEN KOMMT DER PANNACOTTA-MANGO-KIRSCH-SAHNEJOGHURT IN DIE STORES. OMG, ICH HALTE DIE VORFREUDE KAUM AUS. WER SPOILERT, WIRD ENTFREUNDET.« Limitierter Joghurt löst die Eskalationsstufe null aus. Es gibt ihn in jedem Laden, er kostet das Gleiche wie seine beliebigen Brüder und Schwestern, und sein Geschmackserlebnis gleicht dem eines ... Joghurts. Nicht mal der Becher ist besonders, außer dass »limitiert« draufsteht. Oh Mann, ich hoffe, es gibt da draußen niemanden, dessen Lebensinhalt daraus besteht, diese Becher zu sammeln. Falls doch: Halte aus, Hilfe ist unterwegs! Du schaffst das!

Es geht bei diesen Joghurts nur um eine zeitliche Limitierung. Das Zeug gibt es ein paar Monate, dann eben nicht mehr. Deswegen verfällt niemand in Schnappatmung. Was soll so ein Mist also? Überall gibt es jetzt »limitierte« Dinge, die nicht limitiert sind. Limitierte Autos, limitierte Laptops, limitierte Fanta, limitierte Gartenschläuche. Es geht natürlich darum, unsere primitivsten Instinkte anzusprechen, dieses Jäger-und-Sammler-Ding tief in uns. Funktioniert ja auch, zum Beispiel beim erwähnten iPhone. Um moderne Technik zu verkaufen, spricht man den Höhlenmenschen in uns an. Was nur wieder heißt, dass wir uns kein wirkliches Stück weiterentwickelt haben, einzig das Drumherum sieht ein bisschen anders aus. Wir wollen immer noch das beste Stück vom toten Mammut. Sollen die anderen wolligen Urzeitelefantenarsch fressen, wir kriegen das Herz, und davon geben wir auch nichts ab. Es geht darum, etwas Besonderes zu haben, um etwas Besonderes zu sein. Und exakt das macht dich gewöhnlich. Egal wie limitiert du im Geiste bist: Du bist und bleibst ein Joghurt.

»Es wundert mich echt nicht, dass du noch Single bist. Ständig hast du was zu meckern«, eröffnete mir neulich ein Freund. Ich solle die Dinge mal positiver angehen und mit dem ständigen Genörgel aufhören.

»Ich nörgele doch gar nicht«, nörgelte ich daraufhin, musste aber zugeben, dass ich durchaus zum Schwarzmalen neige. Bei mir stellt sich die Frage nicht, ob das Glas halb voll oder halb leer ist. Ich gehe einfach davon aus, dass es sowieso nicht mein Glas ist.

Als ich in der Schule einen Kurs in Fotografie belegte, hat mir das Entwickeln der Negative am meisten Spaß gemacht. Krank werde ich so gut wie nie, weil ein positiver Befund nicht zu mir passt. Mein Freund hatte recht, diese Einstellung könnte etwas damit zu tun haben, dass ich keine Partnerin habe. Vielleicht sollte ich die Sache anders angehen. Ich würde meiner Angebeteten ja einen Song schreiben, aber mein musikalisches Talent ist wie ein sympathischer Mensch auf einer Nazidemo: nicht vorhanden. Einen Text über mein Missverhältnis zu limitiertem Joghurt halte ich auch nicht für Romantik fördernd. Dann doch besser ein Gedicht, ganz klassisch. Ja, ich sollte wirklich

# Meer Lyrik wagen

Sand und Muscheln und
Sand und Treibgut und
Sand und Sand und Muscheln und
Sand und Sand und Sand und
ein einzelner Stein und
Sand und Sand und Sand und Sand und
schwabbelige Algen und Muscheln und
Sand und Sand und,
ach, guck, oben ist Himmel,
feiner Himmel, sehr nett, sehr blau, aber keine Wolken, nicht
mal Wölkchen, und unten
Sand und Sand und Sand und
eine olle Aldi-Tüte und
Sand und Sand und
ein Fischgerippe, oder heißt das nicht eher Fischgegräte, und
Verwirrung und kein Brockhaus, und den Fisch kann ich nicht
mehr fragen in seinem Zustand, da muss man auch Verständnis
für haben, und
Sand und Sand und
Muscheln, die kuscheln, die Muscheln und
Sand und Sand und Sand und
eine Flaschenpost (leider nur Spam) und
Sand und Sand und Sand und
oben noch mehr Himmel ohne alles und unten
Sand und Sand und Sand und

die Erkenntnis, dass man keine Gedichte über das Meer schreiben sollte, wenn gerade Ebbe ist.

Es soll mal keiner glauben, dass ich ein totaler Blindgänger bin, was die romantischen Aspekte des Lebens angeht. Au contraire, bitches!

# Romantik

»Treffer«, denke ich und: »Aua.«

Einerseits erwache ich mit einem stattlichen Brummschädel. Andererseits habe ich es gestern endlich mal wieder geschafft, und eine Frau hat mich mit zu sich nach Hause genommen. Und obwohl ich hart besoffen war, haben wir vermutlich noch miteinander geschlafen. Keine Ahnung, ob ich gekommen bin oder ob sie gekommen ist oder wir beide oder keiner, geblieben bin ich augenscheinlich, weil wir in ihrem Bett nackig in Löffelchenstellung liegen. Sex und Schmusen, das nenne ich mal eine gute Bilanz. Bumsen ist schon ziemlich knorke, aber Kuscheln, das ist inneres Schnabeltierschnäbeln.

Ich hoffe nur, dass ich während des Sex nicht gefurzt habe, das wäre mir äußerst peinlich. Wenn man sich schon länger kennt, okay. Da nennt sich das dann Intimität. Vertrautheit. Da lässt man solche menschlichen kleinen Fehler mit einem milden Lächeln durchgehen. Wahre Liebe riecht immer ein bisschen nach Pups. Aber in der ersten Nacht, die vielleicht nicht die letzte ist, sollte man sich nach Möglichkeit benehmen.

Ich schmatze leise, um die morgendliche Drögheit im Mund weichzuspeicheln, da bemerke ich ein tesafilmartiges Gefühl an meiner Wange. Verdammte Axt, denke ich, ich habe im Schlaf gesabbert! Den Homer Simpson gemacht, wie Experten es ausdrücken. Da mein Kopf auf ihrem liegt, könnte es durchaus sein, dass auch sie etwas abgekriegt hat. Das sollte ich bereinigen, bevor sie aufwacht. Sie ist nicht nur sehr hübsch, wir haben uns auch toll unterhalten, und mein üblicher Erstcheck ihrer kleinen Wohnung brachte Bücher von Coupland, Niven und Pratchett und CDs von Cave, Cohen und *Caliban* zutage, an der Wand hängen ein Filmplakat von *Metropolis* und ein Druck von HR Giger. Das könnte was werden, aber nicht wenn sie aufwacht und feststellt, dass ich ihr die Haare vollgespeichelt habe. Wetlook geht anders, glaube ich. Ich hebe vorsichtig meinen Kopf, und meine Befürchtungen bestätigen sich, als sich unsere aneinanderklebenden Wangen nur mühsam und mit einem kaum vernehmlichen leisen Ratschen voneinander lösen lassen. Es ist nicht so schmerzhaft wie Waxing, vermute ich mal, aber das Grundgefühl dürfte ein ähnliches sein. Langsam, ganz langsam löse ich den Klettverschluss aus Haut und Sabber, bis ich endlich frei bin. Wie soll ich das bloß hinkriegen, ihr den klebrigen Film von der Wange zu putzen, ohne dass sie aufwacht? Ich betrachte sie. Im fahlen Licht einiger weniger durch die halb geschlossenen Jalousien eindringenden morgendlichen oder mittäglichen Sonnenstrahlen kann ich erkennen, dass ich wohl nicht nur auf ihre Backe gesabbert habe, sondern auch in ihr Ohr.

Und zwar mit Schmackes.

In ihrem Gehör hat sich eine beachtliche Pfütze gebildet, die bis zum Rand der Ohrmuschel reicht. Voller Entsetzen starre ich in den Miniatursabbersee. Ich habe jetzt drei Optionen: 1. mich still und heimlich verkrümeln und das Land gen Polarkreis verlassen, um die Möglichkeit eines hochpeinlichen Wiedersehens zu minimieren, 2. eine Packung Urzeitkrebseier in ihren Ohrmuschelteich kippen und mal gucken, was passiert, oder 3. mit einem aufgedrehten Taschentuch den Sabber peu à peu abzupumpen und zu hoffen, dass ich diese Prozedur hinkriege, ohne sie mit dem Tuch wachzukitzeln. Option 1 fällt flach, weil sie auf meinem Arm liegt und zudem meine Hand fest mit ihren umgriffen hält. Dieses Bild weitet mein Herz, so vertrauensvoll sieht es aus, dann ermahne ich mich, dass ich diese Frau fast im Schlaf erspeichelt hätte und was tun muss, wenn ich will, dass sie jemals wieder so meine Hand hält. Über Option 2 muss man nicht weiterreden, also bleibt nur die Zellstoffdrainage. Ich drehe mich, so weit es geht, zur Seite und sehe nach, ob auf dem Nachtschränkchen Taschentücher zu finden sind. Tatsächlich liegt dort eine Packung Tempos, in der noch ein letztes verträumtes Taschentuch steckt. Leider liegt die Packung an der mir abgewandten Seite des Schranks an der Kante. Ich recke mich ein wenig, aber meine Fingerspitzen verfehlen die Packung um ein paar Zentimeter. Ich atme tief durch, dann ziehe ich den eingeklemmten Arm langsam, ganz langsam hinter mir her. Reflexartig, wie die Blätter einer kuschelbedürftigen fleischfressenden Pflanze schließen sich ihre Hände fester um meine, und sie brummt leise wie ein kleiner Bär. Weiter kann ich meinen Arm nicht befreien, sonst wacht sie auf. Ich recke und strecke mich und tatsächlich erreichen meine Kuppen die Packung, auch wenn ich sie immer noch nicht greifen kann. Ich versuche, mich zu dehnen, jeden Millimeter Flexibilität aus meinem Körper zu pressen, um den erlösenden Zellstoff greifen zu können. Da löst sich aus meinem Darm mit der Lautstärke einer VW-Käfer-Fehlzündung eine krachende Flatulenz. Erschrocken zucke ich, stoße die Packung Taschentücher vom Nachttisch in für mich unerreichbare Ferne und verfalle dann in Opossumschockstarre. Wieder brummt sie, atmet aber ansonsten regelmäßig weiter. Auch ich wage es, wieder Luft zu holen. Die Frau hat einen gesegneten Schlaf. Andererseits liegt sie mit dem einen Ohr auf dem Kissen, und das andere ist vollgespeichelt, insofern hört sie vermutlich grad nicht viel.

Ich drehe mich zurück in Löffelchenstellung und betrachte den Sabbersee. Taschentuchdrainage fällt also flach, aber ich muss etwas tun. Und mit grausamer Klarheit schiebt sich mir die bisher nicht erkannte Option Nummer 4 vor das innere Auge. Die Rückführung des Übels. Das Problem dahin bringen, wo es herkommt.

Ich muss ihr meinen Speichel wieder aus dem Ohr schlürfen. Ich betrachte die klare Flüssigkeit. Kalte Spucke zu trinken, ist nicht unbedingt meine Vorstellung von einem ausgewogenen Frühstück. Genau genommen drängt mir der Gedanke galligen Speichel in die Speiseröhre. Jetzt bloß nicht kotzen, denke ich, dann ist es endgültig vorbei, und ich verfluche, dass wir tags und nachts zuvor so viel gesoffen haben. Ich schlucke mühsam die Anflüge von Brechreiz runter, schließe die Augen und konzentriere mich. Dann öffne ich die Augen wieder und sehe ihr Gesicht an. Ihre Hände, wie sie meine halten. Nein, mit dieser Frau will ich es mir nicht versauen, definitiv nicht. Also zähle ich einen Countdown, und dann runter mit der Suppe. 3 ... 2 ... 1 ...

Plötzlich bewegt sie sich. Voller Entsetzen sehe ich, wie der Sabbersee in Wallung gerät und über die Ohrmuschelufer schwappt. Der Speicheltsunami rollt über ihre Wange auf ihren Mundwinkel zu, und ich reagiere viel zu langsam. Die Schöne öffnet ihren Mund, und das Nass rinnt in ihn hinein. Ihre Lippen verformen sich zu einem absurd seligen Lächeln, und sie schmatzt zufrieden. Der Anblick überfordert meinen Magen. Ich spüre, wie die Galle einschießt, dann explodiert ein einzelner trockener Husten, und Bröckchen angedauter Tortellini regnen über das Bett hernieder. Oh Gott, das war's also. Mir schießen Bilder aus Danny Boyles *127 hours* durch den Kopf, und ich frage mich, ob ich es schaffe, mir selbst den Arm an der Schulter abzunagen, um von hier zu fliehen. Wieder schmatzt sie zufrieden, als sie einen weiteren Schwung Ohrsabber schluckt. Doch dieses Mal beginnt sie zu husten, sie zuckt und schluckt und mit einem Mal fährt sie hoch und übergibt sich in einem kapitalen Schwall aufs Bettlaken. Ich verfalle wieder in Starre. Einen Moment schaut sie auf das Erbrochene, dann sieht sie mich entsetzt an.

»Oh Gott«, stammelt sie. »Das ist mir so peinlich. Für wie ekelig musst du mich jetzt halten, es tut mir so leid, es tut mir so leid.«

Ich schüttele den Kopf, sage, dass alles gut ist, schließlich hätten wir beide mächtig getankt, und so was könne dann mal passieren, das sei doch kein Drama. Dann ziehe ich das Bett ab und sage, dass wir vielleicht mal duschen gehen sollten, und sie hat Tränen in den Augen und sagt, ich sei so ein guter Mensch, das wäre ja nicht zu glauben, und ich bin froh, aus dem Schneider zu sein, aber dann kommt mir wieder das Bild in den Sinn, wie sie meine Hand hält, und ich werfe die Bettwäsche in den Wäschekorb in ihrem Bad, gehe zurück ins Schlafzimmer, setze mich zu ihr auf die Bettkante, dann erzähle ich ihr vom Sabbersee und dass ich der Grund für ihren morgendlichen Kotzvulkan war. Ich entschuldige mich und sage, dass ich besser gehe, und sie nimmt meine Hand und sagt, wir sollten unter die Dusche.

Was soll man sagen? Zwei Jahre später wurde geheiratet, und die Geschichte unseres Kennenlernens sorgte für viel Heiterund Übelkeit. Wir bekamen zwei wunderbare Kinder und bauten ein Haus, und noch immer liegen wir jede Nacht in inniger Umarmung in Löffelchenstellung beieinander. Die Kinder schlafen in ihren Zimmern, und ein Hund und eine Katze am Bettende in ihren Körbchen. Neben dem Bett steht stets ein Eimer bereit und auf dem Nachttisch eine Aquariumpumpe.

Da ist es wieder, das lyrische Ich. Der Schluss war erstunken und erlogen.
    'tschuldi.
Und der Rest war natürlich genauso fiktiv. Hüstel. Ich meine, ich sehe jetzt nicht katastrophal scheiße aus. Wenn frau auf lange Haare steht, könnte sie mich durchaus als ansehnlich, wenn nicht sogar attraktiv bezeichnen. Oder wie es meine Mutter ausdrückte: »Durchaus bumsbar.« Und wenn ich mal das Maul aufkriege, kann ich mich auch ganz gut ausdrücken, glaube ich. Aber dennoch bleiben mir neue

Liebschaften verwehrt. Es ist nicht so, dass ich keine Frauen kennenlernen würde. Nur stellen sie mir meist ziemlich schnell ihren Freund vor oder feiern gerade ihren neuen Job als Unterwäschemodel in Tokio, Busfahrerin in den Anden oder Pinguinmasseurin in der Antarktis, den sie tags darauf antreten. Aber ich heiße ja nicht Mimimicha-El, und nur rumjammern hilft nix. Irgendwo da draußen ist die Frau meiner Träume. Also Schluss mit dem Gegreine, und ab auf die Piste. Ich darf nur nicht vergessen, Rohypnol mitzunehmen.

# Keine Party ohne Rohypnol

Es ist Samstagabend, und ich bin auf dem Weg in die Stadt, ein bisschen Party machen, und natürlich hab ich Rohypnol dabei, sonst wäre es ja auch keine gute Party. Zumindest für die Ladys brauche ich Rohypnol. Sonst kann ich doch bei keiner landen, mit meinen mittelprächtigen Klamotten, meiner Fresse und meinen eher bescheidenen Einkünften. Aber wenn ich Rohypnol dabeihabe, sehen die meisten darüber hinweg.

Rohypnol geht neben mir her und schweigt. Er ist mein bester Kumpel, und im Gegenzug bin ich sein bester Kumpel. Man könnte sagen, es läuft bei uns, zumindest solange er die Fresse hält. Keine Ahnung, wann wir angefangen haben, ihn »Rohypnol« zu nennen, aber es ist immerhin lang genug her, um seinen richtigen Namen vergessen zu haben. Seinen Indianernamen verdankt er seiner absolut scheißlangweiligen Art zu reden. Sobald er das Maul aufmacht, versinken die Menschen um ihn herum in Wachkoma, Tiefschlaf oder entrücktem Dämmern.

Zum ersten Mal fiel uns das in der sechsten oder siebten Klasse auf, als er in Bio ausnahmsweise mal eine Wortmeldung gab. Er hatte noch nicht mal die Hälfte seiner Antwort ausgesprochen, da verdrehten sich die Augen unserer Lehrerin Frau Hahnke nach hinten in ihre Höhlen, bis man nur noch das Weiße sah, und ihr Lehrkörper kippte nach unten, mit der Stirn und Schmackes auf die Tischplatte des Pults. Die Folgen waren vier Wochen Vertretung bei der unsympathischen Frau Erdmann, siebzehn Stiche und eine veritable Narbe für Frau Hahnke und

Sprechverbot für Rohypnol in Bio. Andere Lehrer waren nicht so schlau, und hier und da schaffte es Rohypnol, komplette Klassen mit Referaten einzuschläfern, die gar nicht mal so uninteressant waren, wenn man von den Handouts ausging, die man bei Wiedererwachen vor seiner Nase fand. In der Folge wurde er sehr oft abends von Mitschülern und Eltern mit Schlafschwierigkeiten angerufen. Noch bevor er seinen Namen nennen konnte, war selbst die hartnäckigste Insomnia besiegt. Endgültig überzeugt davon, dass er doch bitte die Fresse halten sollte, wurde Rohypnol, als er bei einem Lagerfeuer von einer unwissenden Begleiterin gebeten wurde, ebenfalls eine Gruselstory zum Besten zu geben. Er sagte »Na gut«, und die ersten Augenlider schlossen sich. Er nannte den Titel seiner Geschichte, und zwei Leute schliefen sofort ein und fielen mit den Gesichtern voran ins Feuer. Schlimmeres konnte durch schnelle Reaktion, Bier und panikartiges Anpinkeln verhindert werden, aber seither bemüht sich unser menschgewordener k.o.-Tropfen auch selber, weitgehend die Klappe zu halten. Wird er gezwungen, sich zu äußern, zum Beispiel in Amtsstuben, dann mimt er den Stummen und kommuniziert mit Zetteln, was die meisten akzeptieren, da Rohypnol immer sehr gutes Papier benutzt und zudem eine sehr schöne und trotzdem männlich-markante Handschrift sein Eigen nennt.

Seine Unfähigkeit, mit Menschen zu sprechen, ohne sie in den Tiefschlaf zu befördern, kompensiert er *Daredevil*-mäßig mit einer Art Superkraft: Er ist ein Zuhörer. Und zwar ein tipptopp granatenstarker Zuhörer. Wie ein schwarzes Loch scheinen seine Ohren wirklich jedes Wort aufzusaugen und zu hyperverdichtetem Verständnis zusammenzupressen. Deswegen schätzen die Frauen Rohypnol auch so sehr. Er hat mehr Sex als ich, er muss nur aufpassen, nicht irgendwas bei der erotischen Ekstase zu stöhnen. Ein »Ja, Baby« oder »Geil!« oder »Uiuiui!«, und schon schlummert ihm die Sexpartnerin von dannen, und dann hat er auch keine Lust mehr. Einmal hat er einem Mädchen die magischen drei Worte ins Ohr gehaucht. Er kam ungefähr bis »lie...«, das »...be dich« wurde schon von ihrem Schnarchen übertönt. Sollte er jemals heiraten wollen, muss er den Antrag schriftlich einreichen.

Man sollte meinen, ein sprachloser Partner sei den meisten Frauen unangenehm oder gar unheimlich, aber sie wissen einfach sehr zu schätzen, dass er zuhört. Und er HÖRT ZU. Er sieht sie nicht nur an und nickt hier und da wissend, er scheint das Gehörte wahrhaftig aufzusaugen und in ein mildes Lächeln oder den Hundeblick des Bedauerns umzuwandeln. Es ist die Essenz des Zuhörens. Gelegentlich arbeitet er bei Hörbuchproduktionen mit. Er sitzt dann einfach dem Sprecher gegenüber und sieht ihn an. Die so entstandenen Hörbücher erwecken stets den Eindruck, der Erzähler würde den Zuhörer persönlich ansprechen wie seinen besten Freund.

Auf Partys sitzt er meist einfach nur an der Bar und beobachtet die Menge. Ein smallgetalktes Wort an ihn reicht dann schon aus, und er zieht die Frauen und Männer in seinen Bann. Dann spricht erst eine mit ihm, was wieder jemand anderes mitbekommt und sich dazu gesellt, dann wird eine dritte erst neugierig, dann mitteilsam, und kaum hat man sich's versehen, ist er umringt von einer Traube meist weiblicher Zusprecher, und das alles ohne ein Wort zu sagen, zumindest meistens. Manchmal entgleitet ihm doch das eine oder andere Wort, zum Beispiel als sich ihm ein etwas angetrunkenes Mädel mit den Worten vorstellte: »Hallo, ich bin Melanie, und ich habe keinen Würgreflex«, und ihm ein nicht unerfreutes »Ach was!« entfuhr, oder als ihm letzte Woche eine Rothaarige ihre Lieblingssexpraktik ins Ohr flüsterte und er heiser »Boah, krass ...« hauchte. Die komplette Besetzung vor und hinter der Theke versank sofort in Tiefschlaf à la Dornröschen. Nur knapp konnten wir den Barkeeper vor dem Ertrinken im Abwaschbecken bewahren.

Abgesehen von solchen kleinen Vorkommnissen ist Rohypnol ein prima Begleiter, immerhin kann ich hier und da die Aufmerksamkeit seiner Gesprächspartnerinnen erhaschen und komme selbst zum Stich. Er ist ein echter Freund. Ich klopfe ihm auf die Schulter.

»Ich hab das Gefühl, das wird ein geiler Abend heute«, sage ich.

Er nickt und antwortet: »Ja ...«

»Halt die Fresse, Rohypnol!«, funke ich ihm dazwischen. Meine Reflexe sind inzwischen sehr gut ausgebildet. Nachdem ich einmal in der Achterbahn dank seines »Oh, geil!« mitten im Looping eingeschlafen bin, habe ich mir das antrainiert.

Er zuckt mit den Schultern und lächelt. Ich erzähle ihm von meinen Plänen für diese sommerliche Samstagnacht, und Rohypnol hört zu.

Und das kann er prima.


Gute Freunde sind wichtig. Guten Freunden gibt man ein Küsschen. Und rennt sofort weg, weil man sich sonst eine fängt. Gute Freunde erkennt man daran, dass man mit ihnen lachen, weinen, schweigen oder auch mal amtlich streiten kann, dass nur so die Fetzen fliegen. Und dann versöhnt man sich wieder oder klärt die Differenzen mit einer altmodischen Klopperei. Oder bei einer Runde ultrahartem Mau-Mau.

# Im *Postrock*: Ultrahartes Mau-Mau

Und wir sitzen im *Postrock*, spielen ultrahartes Mau-Mau und hören nebenher der Liveband zu. *Waffenbruder Heinz* spielen ihre größten Hits: »Die Walküren fahren Mofa«, »Odin war Antifaschist« und »Plündern, Fußball, Rock'n'Roll«. Letzterer erinnert uns daran, dass wir morgen das *Postrock* meiden sollten, schließlich ist am nächsten Tag DAS Spiel hier auf Großbildschirm zu sehen. DAS Spiel, das alle sehen wollen, vor allem alle Doofen und Lauten, weil dann DIE ANDEREN fertiggemacht werden sollen, und dann sind WIR wieder Weltmeister. Schön blöd, denke ich, dass WIR Weltmeister sind, ICH aber trotzdem keinen Werbevertrag mit Nutella bekomme, und konzentriere mich wieder auf UNSER Spiel, das sowieso viel spannender ist als das Rumgerenne auf grünem Rasen.

Tine würfelt eine Sechs und knallt strahlend ihre Karten auf den Tisch. »Super-Mau«, ruft sie triumphierend, nimmt ihr iPhone aus dem Handystapel, schreibt eine geharnischte SMS an Wladimir Putin, schiebt ihr Telefon wieder zurück in den Stapel und notiert ihre wohlverdienten 75,3 Punkte. Ultrahartes Mau-Mau haben wir selbst entwickelt, und die Regeln sind zugegebenermaßen etwas komplex. Erstaunlicherweise sind sie umso einfacher zu verstehen, je betrunkener man ist. An einem Abend haben sich ein Philosoph und ein Atomphysiker zu uns gesellt und verlangten, dass wir ihnen das Spiel erklären. Sie konnten relativ lange folgen, aber bei der Sonderregel, die wir scherzhaft »Gummiband im Dackelarsch« nennen, fingen ihre

Gesichter an, unkontrolliert zu zucken, und sie rannten weinend raus.

Ich gebe neu. Motorkopp schaut auf seine Karten, schüttelt den Kopf und sagt: »Bin raus.« Dann zündet er die Karten an, brösselt die Asche in seinen Jackie-Cola und trinkt ihn auf ex, wie es in Regel 17a/Asche geregelt ist. Weil er weder hustet noch kotzt, bekommt er acht Punkte gutgeschrieben, immerhin. Anneke kommt an unseren Tisch und nimmt Bestellungen auf.

»Und?«, fragt sie. »Guckt ihr morgen auch DAS Spiel?«

Ich schüttele den Kopf. »Nee, mit DEM Spiel habe ich's nicht so. UNSER Spiel ist viel cooler.«

In dem Moment ruft Jan: »FRAUENTAUSCH!« Ich geb ihm eine Dame, er gibt mir eine. Verdammt. Jetzt habe ich eine 11, eine Herzdame und den Kreuzbuben in der Hand. Laut Regel 74/Sportsfreund muss ich jetzt doch DAS Spiel gucken.

»Tja, Anneke«, sage ich. »Wie es aussieht, bin ich morgen doch am Start. Und du musst mir noch mal dein Brautkleid leihen.«

Wie gesagt, die Regeln sind sehr komplex.


Da sind wir wieder beim schwierigen Thema »Leben«. Das ist auch ein komplexes Spiel. Es ist irgendwie kein Wunder, dass »Leben« ein Anagramm von »Nebel« ist. So richtig blickt da keiner durch. Eine Gebrauchsanleitung habe ich euch ja schon mit auf den Weg gegeben, aber wie läuft die ganze Sache eigentlich konkret ab?

# ABC des Lebens

A. Deine Mudder.

B. Dein Vadder.

C. Dann du.

D. Vielleicht einen kleinen Bruder oder eine kleine Schwester. Vielleicht bist du auch selber D.

E. Die Brüste deiner Mutter, die Stimme deines Vaters, erste Schritte, erste Worte, das erste Mal »Nein« hören. Und verstehen. Tröste dich: Es kommen noch viele Neins mehr. Sehr viele. Sehr, sehr viele.

F. Kindergarten. Dort lernst du deine ersten Freunde kennen, und du lernst

1. dass auch Freunde dich enttäuschen und dir dein Spielzeug wegnehmen können,

2. dass dir bisher völlig fremde Menschen plötzlich Befehle erteilen, denen du dich beugen musst, sonst gibt's Ärger,

3. dass man nicht jeden Kuchen essen sollte, vor allem wenn er im Sandkasten »gebacken« wurde. Und erst recht nicht, wenn Patrick-Noël aus der Sonnenblumengruppe sich tags zuvor in eben jenen Sandkasten übergeben hat.

G. Du entwickelst Werte und Ideale, die vielleicht nicht unbedingt deine eigenen sind, aber dich für den Rest deines Lebens begleiten werden, zum Beispiel

1. was für dich Recht und Unrecht, gut oder böse ist,

2. ob du ein Arschloch sein oder es dir im Leben lieber schwer machen willst,

3. ob du nach dem Kacken beim Hinternabwischen das Klopapier von unten nach oben oder von oben nach unten durch die Kimme ziehst.

H. Sandra. Oh, Sandra, diese erste große Liebe. Oder Kevin. Oder Mandy. Oder Justin. Oder Katja, die mit dem unheimlich süßen Lächeln, aber die ist leider viel zu alt, die geht ja schon in die dritte Klasse. Oder Patrick, der ist so stark, wie der die anderen Jungs immer verkloppt, das ist schon toll. Der ist sogar schon auf YouTube zu sehen, fast alle Daumen nach oben. Oder Irina. Oder Patrick-Noël, obwohl der damals in den Sandkasten ... Oder Julia. Nur nicht Jürgen. Niemand verknallt sich in einen Jürgen. Zumindest nicht in der Grundschule.

I. Krankenhaus. Das erste Mal. Totale Langeweile, Schmerzen, Jucken und wieder was gelernt:

1. Du bist eine Niete im Auf-Bäume-Klettern.

2. Es gehört nicht zu den besten Ideen, nachdem man vom Ast abgerutscht ist, instinktiv die Körperhaltung anzunehmen, die man aus dem Schwimmbad vom Arschbombensprung kennt.

3. Es ist für beide Seiten eher unangenehm, sich einen Beckengips von den Klassenkameraden unterschreiben zu lassen.

4. Den Sommer in der Wohnung verbringen zu müssen, kann einem jeglichen sozialen Status versauen. Aber du verfügst danach immerhin über ein unschlagbares Fachwissen über Fernsehserien und besitzt ein Modell des Kölner Doms aus Streichhölzern.

J. Das erste Mal. Sex. So richtig mit allem Drum und Dran. Nackig, feucht, klebrig. Und schon ziemlich geil. Und

1. hinterher dieses Gefühl, dass du jetzt 'ne Kippe gebrauchen könntest. Vielleicht solltest du endlich mit dem Rauchen anfangen.

2. hinterher dieses Gefühl, dass du dir zwar völlig sicher warst, dass du in Sexualkunde und bei eurem extrem langweiligen Ausflug zu Pro Familia alles Wichtige mitbekommen hast,

aber jetzt nicht so richtig auf deine Kompetenz in Sachen Verhütungsmittel vertraust.

3. Ohgottogott, alles, nur nicht schwanger. Bitte nicht schwanger.

4. Test sagt: Nicht schwanger. YEAH! Super. Gott sei Dank. Das muss gefeiert werden. Komm, lass uns bumsen.

K. Du wirst 18. Und du fragst dich,

1. was jetzt kommt,

2. ob das jetzt rechts vor links oder links vor rechts war und wie du deinen Eltern das Geld für den zweiten Anlauf in der Führerscheinprüfung aus den Rippen leierst,

3. wer die ganzen Leute auf deiner Party sind, die du nicht eingeladen hast und die gerade den guten Cognac deines Vaters und das 4711 Kölnisch Wasser deiner Mutter leersaufen,

4. was das komische Blaue ist, was du da gerade ausgekotzt hast.

L. Job oder Studium?

M. Irgendwann dann so oder so Job. Und du stellst fest: All die Arschlochkinder, Drangsalierer, Petzen, Besserwisser, Arschkriecher, Schläger und wer dir sonst noch in der Schulzeit das Leben zur Hölle gemacht hat und von denen du so froh warst, sie nie wieder zu sehen, haben jetzt auch einen Job. Und sie sind alle bei dir in der Firma. Und sie haben dich nicht vergessen.

ODER:

M Variante b. Doch kein Job. Und du stellst fest: All die Arschlochkinder, Drangsalierer, Petzen, Besserwisser, Arschkriecher, Schläger und wer dir sonst noch in der Schulzeit das Leben zur Hölle gemacht hat und von denen du so froh warst, sie nie wieder zu sehen, haben einen Job gefunden. Sie sitzen in den Büros deines Arbeitsamtes, sie entscheiden über dich, über dein Geld und deine Zukunft. Und sie haben dich nicht vergessen.

N. Das Erwachsenenleben hast du dir ganz anders vorgestellt.

O. Du wirst dreißig Jahre alt. Und du fragst dich:

1. WARUUUM?

2. Warum ich? Was habe ich getan?

3. War's das jetzt? Geht es jetzt nur noch bergab?

4. Wer sind all diese Erwachsenen auf meiner Party?

P. Und all die Familienplanung.

1. Warum zieht man in eine große Wohnung oder gar ein eigenes Haus, wenn man dann weniger Platz als vorher hat?

2. Das mit dem Heiraten sieht bei anderen immer irgendwie toller aus. Und billiger. Und von denen hat doch bestimmt keiner in der Hochzeitsnacht das brandneue Ehebett vollgereihert.

3. Müssen Kinder so knautschig sein? Und laut? Und woher kommen all diese stinkenden Flüssigkeiten? Und wo lernen die das mit den Widerworten so verdammt schnell? Du kannst dich zwar nur noch vage erinnern, aber du bist völlig überzeugt, dass du als Kind ziemlich einsame Spitze warst.

Q. Du kaufst dir einen Anzug nur für Beerdigungen. Die Party ist vorbei.

R. Du wirst vierzig, und du fragst dich:

1. Was soll's? Drauf geschissen.

2. Warum ist keiner auf meine Party gekommen? Ich hab extra gekocht.

S. Wer ist der halb nackte, pubertäre Neandertaler an meinem Frühstückstisch? Und was will der von meiner Tochter? Und warum fängt mein Sohn an, hysterisch zu lachen, als ich ihm abends eine Dose hinstelle und sage, dass wir jetzt mal reden müssen und er sein erstes Bier von mir bekommt?

T. Das Haus ist auf einmal so ruhig. Und groß. Und leer.

U. Du wirst fünfzig. Und du fragst dich:

1. War's das dann jetzt?

2. Wo kommen auf einmal die ganzen Gäste her? Aus welchen Löchern sind die denn gekrochen?

3. Warum ist mein Erbrochenes so verschwommen?

4.Wann habe ich eigentlich angefangen, Kotze »Erbrochenes« zu nennen?

V. Sie reichen dir die Hand, und das war's dann mit dem Job. Danke schön, räumen Sie bitte bis Mittag Ihren Arbeitsplatz frei.

W. Du bist wieder Single. Aber so wolltest du das nicht. Eigentlich hattest du doch darauf gewettet, dass du zuerst gehst. Jetzt gibt es ein Grab, um das du dich kümmern musst.

X. Du wirst siebzig, und du fragst dich:

1. Wie lange noch?

2. Wie viele Gäste vom vorigen Jahr kommen wohl diesmal wieder, und wie viele sind tot?

Y. Ein Zimmer, das nicht deins ist. Jeder hier schleicht und spricht leise. Als ob man schon tot wäre und nur noch ein bisschen zuckt. Aus Gewohnheit.

Z. Tod.

A. Du öffnest die Augen. Du fühlst dich sehr, sehr klein, du hast Flügel und einen Stachel. Vor dir steht eine Biene, die dir mitteilt, dass du jetzt eine Arbeiterin bist. Mach dich sauber, und fang an! Und du denkst,

1. Scheiß Reinkarnation. Und:

2. Bssssss.....

Das Leben erleben können nicht alle. Entweder weil sie es damit verbringen, auf Bildschirme zu starren, sich in Jobs für einen anonymen Chef kaputtzuarbeiten, oder einfach weil sie es verpennen. Zum Beispiel Komapatienten. Liegen nur rum und lassen sich bedienen und kriegen nichts vom Leben mit. Oder vielleicht doch?

# Ich bin dann mal weg (vom Fenster). Oder: Verzeihen Sie, dass ich nicht aufstehe. – Ansichten eines Komapatienten

Ich weiß zwar nicht genau, was mich erwischt hat, aber ich weiß, dass es zwei ziemlich große Scheinwerfer und ein ordentliches Tempo drauf hatte und ich wiederum keinerlei Schnitte auszuweichen. So viel also zu meinen Skills als Einradfahrer. Hätte man mir auch mal sagen können, dass Einräder keine Bremse haben. Und jetzt lieg ich hier rum. Ich kann Stimmen hören, irgendein Mann und meine Freundin. Sie weint, und der Mann erzählt ihr, dass ihr Freund im Koma liegt und man nicht genau sagen könnte, wann er wieder aufwacht. So ein Quark. Huhu, ich bin ihr Freund, du Pflaume, will ich sagen, aber da kommt nix. So schweigsam kenne ich mich gar nicht. Ich will winken, aber da tut sich nichts. Ich will gucken, aber es bleibt dunkel. Ich denke noch mal genauer über die vergangenen Ereignisse nach.

Einrad.

Ich so: »Guck mal, ich kann Einrad fahren.«

Sie so: »Nee, sieht mir aber nicht so aus«, und »Pass auf!«, dann die Scheinwerfer, und jetzt lieg ich hier rum, kann mich nicht rühren, und anscheinend liegt irgendjemand hier im Koma.

Ach, du Kacke.

Das bin dann wohl ich. Das ist aber blöd. Das kommt mir jetzt wirklich ungelegen. Ich wollte doch noch das Einrad in den Kleinkunstladen zurückbringen und vielleicht umsatteln auf Feuerspucken oder Jonglieren mit Kettensägen. Bin halt schon ein kleiner Draufgänger, ein wilder Typ, ein Colt Seavers der Vorstadt. Zumindest sehe ich das so. Meine Freundin sagt immer, ich würde nur auf dem Sofa rumliegen und Actionfilme gucken, und ich sag dann »Gar nicht wahr!« und bleib dann liegen, weil ich da erst mal in Ruhe drüber nachdenken muss und außerdem sehen will, ob Steven Seagal diesmal alle Bösen umbringt oder nur *fast* alle, was den Film zu so einer Art romantischen Komödie machen würde. Aber dann hab ich mir ihre Worte doch zu Herzen genommen, und da hab ich mir halt gedacht, ich mach mal was Verrücktes, und hab mir ein Einrad gekauft. Hätte man mir *wirklich* sagen können, dass die Dinger keine Bremse haben! Und dass man besser nicht direkt an einer Schnellstraße übt. Nachts. Na ja, hat mich also einer über den Haufen gefahren, und ich lieg jetzt im Koma. Ist ja kein Beinbruch. Glaube ich wenigstens. Keine Ahnung, was alles so kaputt ist. Ich kann zwar denken, und irgendwie höre ich, was um mich herum so abgeht, aber ich spüre sonst nicht viel. Alles ist irgendwie dumpf. Ich vermute mal, dass es auch besser so ist. Meine Freundin klingt aufgelöst wie eine Aspirin in einem Glas Mineralwasser, was darauf hindeutet, dass die Ereignisse, die zu meinem Zustand führten, noch nicht allzu weit zurückliegen. Ich dürfte wahrscheinlich aussehen, als hätte ich zwölf Runden gegen einen Schaufelbagger geboxt. Wahrscheinlich bin ich auch mit jeder Menge Schläuchen und Kabeln gepimpt. Schaut her, Leute, ich bin der T-1000, der Koma-Terminator. Und ich nehme an, ich bin auf einem ganzen Haufen exzellenter Drogen, für die man in dunklen Hinterhöfen sonst eine Menge Geld latzen müsste und mit denen man auf einem Rave seine Rente sichern könnte. Oh Mann, ich hoffe, mir musste nix amputiert werden. Das wäre echt doof, wenn ich aufwache und keine Beine mehr hätte, wo ich mir doch ganz fest vorgenommen hatte, demnächst mit dem Joggen anzufangen. Gut, das nehme ich mir jetzt schon seit zwei, drei Jahren vor, aber das heißt ja wohl, dass es nur noch eine Frage von Tagen gewesen wäre, bis ich mir passende

Schuhe gekauft hätte. Aber jetzt liege ich im Koma und hab vielleicht die Beine ab. Es soll niemand sagen, ich hätte nicht den Willen zum Joggen gezeigt. Aber ohne Wach und ohne Beine kann man das knicken.

Meine Freundin schluchzt und fragt, ob sie mit mir allein sein kann. Hui, das klingt aufregend, wir zwei ganz allein in einem Krankenhauszimmer. Nackig bin ich ja wahrscheinlich schon. Vielleicht will sie mich ja wachküssen, auf ihre spezielle Art. Ich konzentriere mich darauf, irgendwas zu fühlen. Ist sie schon dran? Boah, Koma nervt, man merkt nicht mal, ob die Freundin einem einen bläst. So macht das keinen Spaß.

»Hör mal, Schatz, ich weiß ja nicht, ob du was mitbekommst von dem, was so um dich herum passiert.«

Hm, nein, sie hat meinen Penis wohl nicht im Mund, dafür ist ihre Aussprache zu deutlich. Schade eigentlich.

»Du wurdest von einem Bulli angefahren. Du liegst im Koma. Die Ärzte sagen, dass sie nicht wissen, ob und wann du wieder aufwachst. Ich weiß ja, dass du und ich ziemlich happy miteinander waren, und wir hatten ja auch schon darüber gesprochen, dass wir heiraten wollen, und dass man sich dann schwört »in guten wie in schlechten Zeiten«, aber ich konnte doch nicht riechen, dass die schlechten Zeiten schon so schnell kommen. Sei mir nicht böse, aber das ist mir ein bisschen too much, und der Olaf von meiner Arbeit hat mich gefragt, ob wir mal was miteinander machen, jetzt wo du im Koma liegst, und ich meine, wir haben ja schon eine ganze Weile miteinander geflirtet, der Olaf und ich, und auf der Betriebsfeier ist schon ein bisschen mehr gelaufen, wenn du verstehst, was ich meine. Na ja, da hab ich Ja gesagt zum Olaf, und ich denke, es wäre ganz toll, wenn wir zwei beide einfach nur Freunde bleiben. Findest du nicht auch? Bestimmt. Also, Schatz, mach's gut. Und gute Besserung.«

Ich höre, wie sie aufsteht und sich eine Tür öffnet und wieder schließt, dann ist Ruhe, bis auf die Geräusche einer Beatmungsmaschine und das Piepen des Herzmonitors, und mir fällt ein, dass ich die letzte Staffel *Dr. House* immer noch nicht geguckt habe. Verdammt, das kommt auf die Liste, direkt hinter Jogging- schuhe kaufen und diesem Olaf die Fresse polieren. Na super, ich wurde angefahren, ich liege im Koma, meine betrügerische Freundin hat mit mir Schluss gemacht, ich kann nicht joggen gehen, und das Einrad ist bestimmt auch im Arsch. Was für ein Scheißtag! Ich glaube, ich bleibe einfach noch ein bisschen lie- gen.

Tja, und was lernen wir daraus? Helm auf beim Ein- radfahren! Oder gleich mit Kettensägen jonglieren, da kann nicht so viel passieren.

Aber wo wir schon vom Rumliegen reden: Ich liege sehr gerne. Die Horizontale ist quasi meine na- türliche Position. Vielleicht habe ich römische Vorfahren, man weiß es nicht. Oder ich hab mir das Bild vom »armen Poeten« von Spitzweg zu sehr zum Vorbild genommen. Meine besten Ideen kommen mir im Laufen oder unter der Dusche. Bei beiden Tätig- keiten ist es allerdings eher schwierig zu schrei- ben. Aber im Bett läuft es bei mir knorke. Mir liegt das Liegen. Manchmal legt sich mein lyrisches Ich einfach nur auf einen Acker, das hat aber ganz andere Gründe ...

# Auf dem Feld

Nun sterbe ich.

Auf einem dunklen Feld fernab von allem, verletzt und verlassen liege ich im Sterben. Dunkelheit umfängt mich, es wird stiller und stiller mit jedem schwächer werdenden Schlag meines Herzens. Keine Vögel singen, kein Wind weht und lässt die Blätter der Bäume rascheln, niemand ist da, der meinen Tod beweint. Nur eine Träne wird von mir selbst vergossen, zögerlich, beinahe verschämt, rinnt sie an meiner Wange entlang: die letzte Träne, die ich weinen werde. Ich tue meine finalen Atemzüge, und mein Odem schmeckt bittersüß auf meiner Zunge. Fast scheint es mir wie Einschlafen, doch erwachen werde ich nimmermehr, kein Paradies und kein Himmel erwarten mich, und die Hölle ... Über die Hölle kann ich nur müde lachen, denn ich lasse sie gerade hinter mir. Kälte umfängt mich, und ich bin gewillt, sie zu begrüßen wie einen alten Freund, da werde ich einer Erscheinung gewahr.

Dunkel und stumm nähert sich mir der Tod, eine schartige Sense in den fahlen Händen und einen Mantel umgehangen, der aus aller Dunkelheit des Universums gewoben scheint. Nun sterbe ich, schwer im Gemüt und dennoch ohne Klage. Ich begrüße den Schnitter wortlos und reiche ihm meine Hand. Ich bin bereit, diesen elenden Planeten zu verlassen und mit ihm meine letzte Reise anzutreten. Ich reiche ihm die Hand, doch der Tod, er weist mich zurück. Der Tod weist mich zurück.

Der Tod weist mich zurück?

Wie kacke ist das denn bitte? Er weist mich zurück? Nicht mal der Tod will was mit mir zu tun haben? Ich glaub, mein Schwein pfeift »La Paloma«. Erst das hübsche rothaarige Mädchen auf der Scheunenparty vorhin und jetzt auch noch der Tod himself? Meine Fresse, meine erste Freundin hatte recht, ich bin anscheinend wirklich beziehungsunfähig. Ich wäre viel zu unaufmerksam und unkonzentriert, meinte sie immer, und ich fand, sie übertrieb maßlos, und ich hab gesagt: »Anna, mein Schatz, das ist totaler Blödsinn! Wenn ich wirklich so ein Stoffel wäre, hättest du es bestimmt nicht zwei Jahre mit mir ausgehalten.« Und sie schaute mich nur tadelnd an und sagte: »Sandra, ich heiße Sandra. Und es waren drei Jahre.«

Immer gab es was zu meckern. Gut, vielleicht bin ich ein bisschen schusselig, was so was angeht. Da hatte ich mal ihren Geburtstag vergessen, aber das ist ja wohl kein Drama. Ich habe ihr in der Woche darauf immerhin eine Karte mit den besten nachträglichen Wünschen geschickt. Ich meine, sie hatte mir ja nicht mal zum *Star-Wars*-Tag gratuliert, und das Darth-Vader-Lichtschwert, das ich mir so dolle gewünscht hatte, gab's auch nicht. Aber ich bin deswegen noch lange nicht unsensibel oder beziehungsunfähig. Ich hab ihr sogar mal einen Heiratsantrag gemacht, ich bin auf die Knie gegangen und hab geschwärmt, wie schön es mit ihr sei, wie großartig unser Sex sei und dass ich es toll fände, dass sie mir in dieser Hinsicht auch die etwas seltsameren Wünsche, wie das mit der Schuluniform und dem Katzenfell, erfülle, und dass ich mit ihr nun den Rest meiner Tage und vor allem Nächte verbringen wolle, und hab die Frage aller Fragen gestellt. Und alles, was sie darauf antwortete, war, dass ich total besoffen sei und ob wir nicht erst mal die Beerdigung ihrer Lieblingsoma zu Ende bringen könnten. Ich fand das ein bisschen egoistisch von ihr, aber hab ich was gesagt? Nein, ich hab mich hingesetzt und die Klappe gehalten, aber das war dann ja auch wieder nicht richtig. »Komm vom Sarg meiner

Oma runter«, hat sie mich angefaucht, und ich hab nur gedacht: Wie man's macht, macht man's falsch.

Gut, manchmal kann ich ein kleines bisschen zerstreut sein. Als ich ihr zu Weihnachten die Halskette schenkte, hätte ich vielleicht an ihre extreme Nickelallergie denken sollen, aber man kann doch nicht an alles denken. Und sooo lange lag sie nu auch nicht im Koma.

Gut, Silvester hat sie dann verpasst.

Zweimal.

Als sie wieder aufwachte, hat sie direkt Schluss mit mir gemacht, das fand ich hart. Ich bin erst mal direkt nach Hause gegangen und hab mich bei Erika ausgeheult, meiner damaligen Freundin. Die hatte ich auf einer Silvesterparty kurz nach dem Nickel-Zwischenfall kennengelernt. Erika war aber auch nicht so verständnisvoll, wie ich mir das gewünscht hatte. Guckte mich nur an und meinte: »Wie, du hast 'ne Freundin, und die war im Koma? Das kleine Detail hättest du mir ja vielleicht mal erzählen können!« Dann nannte sie mich einen Penner, nur weil ich ihr nicht gleich jedes klitzekleine Detail aus meiner Biografie auf die Nase gebunden habe. Das war der Tag, an dem gleich zwei Frauen mit mir Schluss gemacht haben. »Auch 'n Rekord«, meinte mein Kumpel Andreas nur und hat mich ausgelacht.

Dann hab ich das Emomädchen kennengelernt. Ihren Namen weiß ich gar nicht mehr. Man kann sich ja nicht alles merken. Wir sind ja auch schon fast ein Jahr auseinander, und demnächst soll ich sogar aus unserer gemeinsamen Wohnung ausziehen, sie hätte es mir schon tausendmal gesagt. Wie auch immer, ich dachte, bei so einem Emomädchen könnte ich mich mal als sensibler Typ etablieren. Ich hab ihr nach dem Ritzen immer die Arme gesäubert und die frischen Wunden auf- und zugezogen und dabei »Quak, quak!« gemacht, um sie aufzumuntern. Fand sie irgendwie nicht so komisch. Ich hab ihr sogar ein Tattoo geschenkt, selber gemacht habe ich das: mein allererstes selbst gemachtes Tattoo. »Why so serious?« hab ich ihr tätowiert, so ins Dekolleté rein, wie es gerade voll in ist, aber sie hat deswegen trotzdem voll Rabatz gemacht, als sie ihren Rausch ausgeschlafen hatte. Nix kann man den Frauen recht machen, gar nix.

Als dann gestern mit meiner letzten Ex Schluss war, hab ich zu Andreas gesagt, wir müssten ganz dringend los, uns besaufen, ob er mich denn auch für so unsensibel und taktlos halte, und Andreas meinte nur, er müsse erst mal mit der Wiederbelebung seines Patienten weitermachen, ich solle doch jetzt bitte den OP verlassen und schon mal vorgehen. Super Freund, dachte ich nur, denkt immer nur an seinen tollen Job und seine tolle Karriere!

Aber heute hat er mich mit auf diese Scheunenparty genommen, zur Ablenkung. Fand ich gut, ich hab mich eh nur die ganze Zeit gefragt, was ich schon wieder falsch gemacht hatte. Konnte ich doch nix dafür, dass sich Cindy auf der Treppe langgemacht und beide Beine gebrochen hat. Ich dachte mir nur, dass man aus so einer Situation das Beste machen sollte, und hab sie bei meinem ersten Besuch im Krankenhaus gefragt, ob ich mir vielleicht ihren Wagen ausleihen könnte. Jetzt, wo sie so eingegipst sei, könnte sie eh kein Auto fahren. Die Jungs und ich würden gerne nach Frankreich, ein bisschen Party am Meer machen und surfen, und sie hat nur mit ihrem Tropf nach mir geschmissen, und das war es dann mal wieder. Ich bin anscheinend wirklich beziehungsunfähig.

Als ich dann heute auf der Scheunenfete das rothaarige Mädchen kennengelernt und gedacht habe: »Hach«, da habe ich mich irgendwann lieber hart besoffen, als sie weiter vollzuquatschen. Es würde ja sowieso nur im Desaster enden. Und so bin ich wohl auf dem Feld gelandet, auf dem Rücken liegend, alle viere von mir gestreckt, mein guter Freund Jack Daniel's ausgeblutet neben mir, und es fühlt sich ein bisschen wie Sterben an.

Ich blicke empor zum Tod.

Er weist mich zurück.

Ich kneife die Augen zusammen und drehe meinen Kopf leicht. So betrachtet sieht er weniger wie ein fahler Typ in dunkler Kutte aus. Mehr wie ein rothaariges Mädchen im Mantel. Und sie weist mich nicht zurück, sondern reicht mir ihre Hand. »Komm lieber wieder rein«, sagt sie. »Du holst dir hier noch den Tod.«

Ich muss lachen, und sie lacht ebenfalls. Ich lasse mir von ihr aufhelfen. »Lass uns zurückgehen und weiterquatschen«, schlägt sie vor. Ich sehe sie an und lalle: »Das is' 'ne dolle Idee, Danja.« Sie lächelt und gibt mir einen Kuss, einen ganz kleinen nur, aber einen sehr schönen Kuss.

»Beate«, sagt sie. »Ich heiße Beate.« Sie tätschelt meine Wange. »Aber das kriegen wir dir schon noch beigebogen.« Sie nimmt meine Hand, und wir gehen zurück zur Party.

Na, so was. Vielleicht gibt es ja doch noch Hoffnung für mich, und aus mir wird noch ein sensibler Kerl. Verfickte Scheiße, wär' das fotzig geil.


Zwischenmenschliche Kommunikation ist nicht jedermanns Stärke. Meine auch nicht. Nicht jeder teilt meinen Geschmack, was Gesprächsthemen angeht. In munterer Runde erzähle ich zum Beispiel gerne von meinem Lieblingsberuf, den ich nie selbst ausüben würde, dem Fäkaltaucher. Der macht genau das, was man sich unter dem Begriff »Fäkaltaucher« vorstellt. Faszinierend, aber anscheinend nicht, wenn man gerade beim Essen ist. Nerdwissen über Heavy-Metal-Bands oder Comics ist auch nicht immer gefragt. Aber ich glaube, ich habe jetzt ein Thema gefunden, mit dem man alle begeistern kann.

# Der Sex deiner Eltern

Bernds noch nicht vorhandenes Sexualleben wurde auf den Kopf gestellt, als er gerade mal acht Jahre alt war. Eigentlich der Klassiker: Er hatte schlecht geträumt und eierte schlaftrunken zum Schlafzimmer seiner Eltern zwecks Abholung mütterlicher Tröstung. Was er nicht wusste, war, dass seine Eltern ein recht entspanntes Verhältnis zur Nutzung von Türschlössern und ein Faible für, sagen wir mal, »alternative Liebespraktiken« hatten. So stiefelte Klein Bernd unbedarft und ungebremst in die Szene, die sich für immer in sein Gedächtnis einbrennen sollte.

»Oh, oh«, sagte sein Vater, seine Mutter gurgelte nur und verschluckte sich hustend. Bernd hingegen machte mit kleinem Herzen und großen Augen auf dem Absatz kehrt und ging wieder ins Bett. Schlafen war nicht drin, aber nicht nur wegen der Übermüdung war er am folgenden Morgen am Frühstückstisch nicht besonders offen für die unbeholfenen Erklärungsversuche seiner bis ins Mark peinlich berührten Eltern. Besonders glaubhaft kam es selbst für einen Achtjährigen nicht rüber, als sie ihm verkaufen wollten, dass der Papa halt mal furchtbar dringend gemusst, und weil er es nicht bis zum Klo geschafft hätte, habe die Mama ihm halt geholfen, und damit sie nicht überall nass würde, habe sie sich flugs ihr schwarzes Regenzeug angezogen, und das sei halt ganz spezielles Regenzeug für Mamas, das gehe auch um den ganzen Kopf rum, bis auf den Mund, der sei halt noch frei, und die Seile, die wären dazu da gewesen, damit die Mama nicht aus dem Bett plumpst, das kenne Bernd doch vom

Autofahren, da müsse er sich doch auch immer anschnallen, und die Maske, die hätte der Papa aufgehabt, weil er so gerne Zorro spiele, der Zorro, das sei ja schon einer mit seinem Degen, und beim Wort »Degen«, da musste Bernds Mutter dann doch kichern, und der Erklärungsausfluss des Vaters versiegte. Und Bernd guckte nur, und seine Eltern grinsten debil und hofften insgeheim, dass sich die Spätfolgen in Grenzen halten würden, und sagten: »Nächste Woche, da geht's ab ins *Phantasialand*«, und Bernd dürfe essen, was er wolle und so viel er wolle.

Aber Bernds Appetit war nicht mehr derselbe.

Er war auf einen Schlag ein sehr ernstes Kind geworden, das über die Beziehungen zwischen Menschen und besonders Männern und Frauen sinnierte, und als man ihn und seine Mitschüler zu Pro Familia schleppte, um sie über sexuelle Vorgänge aufzuklären, da beschloss und verkündete er: »Nicht mit mir. Ihr seid doch wohl nicht ganz bei Trost.«

Kindermund tut Wahrheit kund. Und was er mit elf beschloss, das blieb auch seine Richtlinie in der Teenagerzeit, als seine Kumpels allesamt im Bratenfond ihrer Hormone siedeten. Er wandte sich lieber Büchern, Musik und Sport zu. Frauen näherte er sich nur freundschaftlich. Bei seinen platonischen Verhältnissen wäre selbst Platon ob der Platonik blass geworden vor Philosophenneid. Für Bernd waren Frauen und Männer sexuell irgendwie das Gleiche:

nichts.

Als er älter wurde, begann er aber doch, sich langsam nach einer Partnerschaft zu sehnen, da ist Bernd halt ganz Mensch, ganz Rudeltier. Es gibt nur einen Haken:

»Kein Sex vor der Ehe«, sagt er, prostet mir wie zur Bestätigung mit seinem Bierglas zu und trinkt einen kräftigen Schluck. »Oder währenddessen. Oder danach«, ergänzt er und wischt sich Schaum aus dem Bart.

Unter einer solchen Prämisse ist es nicht leicht, eine Partnerin zu finden, so viel ist mir klar. Allerdings kann ich ihn verstehen, nachdem er mir die Ursache seiner Abneigung gegen Sex erklärt hat. Mit Schaudern denke ich an meine Kindheitstage beziehungsweise -nächte, als ich von seltsamen Geräuschen geweckt wurde, die durch die Wand drangen, hinter der das Schlafzimmer meiner Eltern lag. Kinderzimmer und Schlafzimmer der Eltern nebeneinander: Architekten, die so etwas planen, sollte man mit ihren Blaupausen prügeln, bis sie nur noch Hundehütten entwerfen können. Jedenfalls waren diese Geräusche beunruhigend.

Es klang, als würde gekämpft. Ich tippte auf einen Grizzlybären, der über ein quiekendes Eichhörnchen herfiel. Als ich meine Eltern darauf ansprach, erklärte mir mein Vater breit grinsend, er würde jede Nacht mit den Monstern kämpfen, die sonst unter meinem Bett lauern würden. Dann haute er meiner kichernden Mutter auf den Arsch, dass es nur so klatschte. Pädagogisch wertvoll war das sicher nicht, immerhin hatte ich nie Angst vor Monstern unter meinem Bett gehabt, zumindest nicht bis zu diesem Tag.

Erst später wurde mir klar, was das wirklich für Geräusche waren, und ich beschloss, nur noch mit Kopfhörern und *Guns 'n' Roses* auf Lautstärke 10 zu schlafen, bis ich von zu Hause auszog. Aber so schlimm wie bei Bernds Pipi-Lack-und-Leder-Eltern war das natürlich um Längen nicht.

Aber es muss was geschehen! Bernd ist Anfang dreißig, ein lieber, lustiger und nicht unattraktiver Kerl, von seiner wachsenden Einsamkeit mal abgesehen, und trotzdem immer noch Jungfrau! Ein Freundeskreis ist gut und schön, aber letzten Endes geht man alleine ins Bett, und das schlägt aufs Gemüt. Es gibt zwei Optionen: Die erste besteht darin, ihm eine asexuelle Frau zu besorgen, aber irgendwie empfinde ich das nicht als besonders schlau.

Es bleibt also nur die zweite Variante: Bernd eine Partnerin zu finden, die ihm dermaßen das Hirn auf links knattert, dass er seine Aversion vergisst. Ich überlege kurz, ihm einen Besuch im Puff zu schenken, aber das wäre auch nicht das Richtige. Zu viel Klischee, zu unpersönlich, zu viel kann schief gehen.

Stattdessen stiele ich ihm ein Blind Date ein.

Verstohlen sehe ich auf die Uhr. Ich habe Anita angehauen, ob sie nicht mal meinen Kumpel Bernd kennenlernen wolle, der sei Single. Ich selbst habe einmal mit ihr genitalen Kontakt gehabt, in der Nacht, in der wir uns in einer Disco kennengelernt hatten. Danach trug ich die ganze Woche über ein debiles Grinsen im Gesicht, das dazu führte, dass ich etwa dreißigmal nach Drogen gefragt und zweimal von den Bullen darauf hin gefilzt wurde. Das ist schon ein paar Jährchen her, aber wenn mir in stillen Stunden die Ereignisse der Nacht wieder in den Sinn kommen, kugele ich immer noch herum wie ein dicker, glücklicher Hamster. Trotzdem blieben Anita und ich bloß Freunde, aber ich bin mir sicher: Mit Bernd und ihr, das könnte was werden.

Sie kommt etwas zu spät und setzt sich breit strahlend zu uns. Sie gibt mir ein Küsschen auf die Wange und reicht dann Bernd die Hand. Er sagt höflich »Hallo«, aber wenn sie nicht guckt, finstert er mich von der Seite an. Das Date läuft eher so mittel. Statt Wingman zu sein, sitze ich im Cockpit. Anita und ich quatschen, Bernd guckt wie drei Tage Wolkenbruch und schweigt zumeist. Mal hier ein Schulterzucken, mal da ein zustimmendes Brummen, mehr kommt von ihm nicht. Ich bin der mieseste Verkuppler der Welt. Als Anita kurz mal für große Frauen geht, beugt sich Bernd zu mir rüber:

»Alter, ich will nicht verkuppelt werden, und das weißt du. Was soll der Quatsch?«

»Tut mir leid«, sage ich aufrichtig. »Ich dachte nur …«

»Wir sind nicht zum Denken hier«, zischt er und bestellt eine neue Runde Bier.

Der Abend ist kein kompletter Reinfall, aber Anita und Bernd werden nicht warm miteinander. Permanent muss ich von einem zum anderen gesprächswechseln, damit keiner sich langweilt. Es fühlt sich nach Erlösung an, als wir aufbrechen und uns ein Taxi nach Hause teilen, Anita und ich hinten, Bernd vorne. Sogar sein Hinterkopf scheint mich böse anzustarren.

Ich werde als Erster zu Hause abgeliefert. Ich klopfe auf Bernds Schulter, aber er brummt nur missmutig. Anita schenke ich noch ein »Sorry, das hätte anders laufen sollen«-Schulterzucken. Sie lächelt nachsichtig.

Ich sehe dem Taxi nach und beschließe, mich aus den Beziehungen anderer Leute rauszuhalten.

Am nächsten Morgen gehe ich als Erstes zu Bernds Wohnung, um mich zu entschuldigen. Ich lege einen möglichst zerknirschten Gesichtsausdruck auf.

Bernd öffnet die Tür.

Und strahlt über das ganze Gesicht.

»Was ist denn mit dir los?«, frage ich überrascht.

»Ich habe *gefickt*!«, sagt Bernd nicht ohne Stolz. »Und es war super. Komm rein, wir frühstücken gerade.«

Ich folge ihm in die Küche und werde dort begrüßt.

»Hallo«, sage ich.

»Hallo«, sagt Anita.

»Hallo«, sagt der Taxifahrer.

Na, so was.

Es kann natürlich ganz eventuell, vielleicht, unter Umständen sein, dass Elternsex vielleicht doch nicht so ein beliebtes Gesprächsthema ist. Das ist recht ärgerlich, ich hab nämlich in der Mittagspause einen ganzen Roman darüber geschrieben.

# Ein etwas kurz geratener Roman über die freie Wahl sexueller Präferenzen

Als ich etwa zwölf Jahre alt war, hatte mein Vater den Verdacht, ich könnte vielleicht schwul sein. Also nahm er mich beiseite, sah mir tief in die Augen und sagte: »Sohn, sei bitte ehrlich zu mir: Könnte es sein, dass du schwul bist?«

Es entstand ein Moment peinlich berührter Stille, und ich rang nach Worten, während ich versuchte, dem bohrenden Blick meines Vaters auszuweichen, aber zum Glück hatte ich ja zwei Eltern.

»Schatz, stress unseren Jungen doch nicht mit so was«, erscholl aus der Küche die Stimme meines anderen Vaters.

Tja, für einen Roman ist es dann doch etwas schmal geworden. Ich hatte allerdings keine Zeit, die Geschichte weiter auszuwalzen. Man ist ja ständig im Stress als Literaturrockstar. Da muss man Drogen nehmen, Nacktfotos von sich selbst leaken, Autogramme in der Einkaufsmeile geben (ob die Leute sie wollen oder nicht), Fotos mit Fans machen (Mama, Papa), Drogen nehmen, auf Instagram influencen (»Ganz ehrlich, dieses Duschgel schmeckt mir einfach am besten«), zu Auftritten reisen, schon wieder Drogen nehmen, dann wollen Menschen von dir Tipps fürs Schreiben, Tipps fürs Leben oder einfach ein paar warme Worte, oder sie wollen dir erzählen, dass »massenweise Smarties essen« nicht dasselbe ist wie »Drogen nehmen«, oder man muss noch die neue Staffel *Brooklyn Nine-Nine* oder *Daredevil* wegsuchten. Wie gesagt, purer Stress, mein Lifestyle. Würde ich nicht jeden Tag zehn bis zwölf Stunden schlafen und ausgiebigst frühstücken, mittagsstücken und abendstücken, würde ich das keine zwei Tage durchhalten. Absolut unmenschlich. Da braucht man einen Ausgleich: Menschen, die einen erden und mit denen man die einfachen Dinge im Leben genießen kann. Zum Beispiel im *Postrock*. Oder davor.

# Im *Postrock*: Hohe Fünf

Und wir sitzen mal nicht im *Postrock*, aber dafür vor dem *Postrock*, der Jan und ich, weil der Frühling wie eine nach feuchtem Regen duftende grüne Welle über uns hereingerollt ist und wir nun den ersten schönen Nachmittag des Jahres genießen wollen.

»Gib mir Hohe Fünf«, sagt Jan und hält seine Hand zum Einschlagen hoch. Ich tue ihm den Gefallen.

»Und worauf haben wir jetzt eingeschlagen?«, frage ich leicht verwirrt. Jan zuckt mit den Schultern.

»Einfach so. Das Wetter ist schön, das Bier ist kalt, das Leben gut. Da kann man sich doch einfach mal Hohe Fünf geben. Nur so. Auch zur eigenen Motivationssteigerung. Das ist wie mit Lächeln, wenn man schlecht drauf ist. Die Hormone sagen dir, alles ist grau und scheiße, aber dann zwingst du dich zum Lächeln, und die Hormone denken: ›Fiiiiick, wir liegen ja voll daneben, der Typ lächelt, es muss also alles leichti peichti sein‹, und fangen an, Endorphine auszuschütten wie bekloppt, und schon ist man tatsächlich gut drauf. Das klappt bestimmt auch mit Hoher Fünf. Dann werden Erfolgshormone ausgeschüttet, ganz ohne Erfolg.«

»Aha«, sage ich, weil es mir grad unangemessen scheint, einen guten Freund als Vollidioten zu bezeichnen. Vielleicht ist da sogar was dran. »Aber jetzt mal ehrlich, was soll der Quatsch mit ›Hoher Fünf‹? Sag doch einfach ›High Five‹.«

»Nee«, sagt er. »Ich mache gerade Anglizismusdiät. Einfach mal fremdsprachlich entschlacken. Die eigene Sprache pflegen.«

Ich verziehe das Gesicht. »Das klingt mir aber arg nach pie-figer Deutschtümelei«, sage ich. »Bist du jetzt etwa unter die konservativen Schrägstrich faschistoiden Sprachbewahrer ge-gangen?«

Er gibt mir einen Blick, der verrät, dass er nun seinerseits mich am liebsten zum Deppen erklären würde. »Sehe ich etwa so aus, als hätte man mir ins Hirn geschissen? Nein, mein Freund, es geht mir nur darum, meinen Wortschatz zu polieren. Dafür muss man nicht national gesinnt sein. Eine Woche mal die gan-ze angebliche Kühlheit des Englischen und des Internetzsprech außen vor lassen, das schärft das Ohr für die eigene Sprache. Nächste Woche bin ich dann wieder Flug, kreuze durch die Stadt oder saufe bis zum Hängdrüber. Aber bis dahin gucke ich mal, wie weit mein Wortschatz reicht.«

Ich zucke mit den Schultern. »Wenn's dir Spaß macht ...«

Er nimmt seine Sonnenbrille ab. Darunter zeigt sich auf der linken Seite ein veritables Veilchen dunkelblauester Färbung. »Na ja«, sagt er. »Spaßig ist es nicht immer.«

»Wow«, staune ich, »wer hat dir denn diese Gesichtsverzie-rung verpasst?«

Er betastet das Hämatom und zuckt leicht zusammen. »Ach, ich war gestern auf so einer Sprechgesangsmarmelade ...«

»Du meinst, auf einem Hip-Hop-Jam«, unterbreche ich.

»Ja. Sag ich doch.«

»Deutsche Sprache, komplizierte Sprache«, sage ich.

»Wie auch immer«, fährt Jan fort. »Es war offenes Mikrofon, und irgendwann bin ich auf die Bühne zum Mann an den Dreh-tellern und hab ihm ins Ohr gebrüllt: ›Ey, Heimi, gib mir einen fetten Schlag‹. Hat er wohl falsch verstanden.«

»Tja, hat er wohl«, sage ich und muss mir verkneifen, ihn auszulachen.

Wir sitzen eine Weile schweigend und sehen vorbeifahrenden Autos, ersten Motorrädern und Fahrradfahrern zu, wie sie vorbeiziehen. Die eine oder andere vorwitzige Hummel summt herum, von den anderen Tischen tönen gut gelaunte Plaudereien hinüber. So kann man sich den Frühling gefallen lassen, denke ich.

Anneke kommt auf ihrer Runde an unserem Tisch vorbei. »Na, Jungs, darf es bei euch noch was sein?«, erkundigt sie sich.

Ich ordere noch ein Radler, meiner Meinung nach das beste Frühlingsgetränk überhaupt. Jan wirft einen Blick in die Karte. »Weißt du, Anneke«, verkündet er. »Mir ist sommerlich zumute, also werde ich mir den ersten Schwanzschwanz des Jahres gönnen. Bring mir doch bitte einen Geschlechtsverkehr am Strand.«

Er strahlt Anneke an, Anneke guckt ihn an, ihr Stift schwebt unschlüssig über dem Notizblock in ihrer Hand. »Ich bring dir 'n Bier«, sagt sie dann und geht weiter ihre Runde, bevor Jan protestieren kann.

Jan guckt enttäuscht, ich grinse ihn an. »Deutsche Sprache, komplizierte Sprache«, sage ich.

Er nickt. »Da sagst du was Wahres.«

Ich hebe die Hand. »Hohe Fünf?«

Jan schüttelt traurig den Kopf. »Grad nicht, Heimi, grad nicht. Lass uns einfach hier sitzen und trinken.«

Ich lasse die Hand wieder sinken und nicke. »Sitzen und trinken«, sage ich. »Auch kühl.«


Das war unser vorerst letzter Besuch im *Postrock*. Nicht weil ich nicht mehr hingehe, sondern weil das Buch bald alle ist. Wäre ja blöd, eine Geschichte NACH dem Buch zu erzählen. So was erzeugt immer Löcher in der Raumzeit, dann zieht es wie Hechtsuppe, und das will ja keiner. Also, am *Postrock* liegt es nicht. Ich bin wirklich gerne da. Generell liebe ich es, durch die Kneipen und Clubs zu ziehen. Man trinkt sich einen oder zwei oder mehr, quatscht mit Leuten und schwingt hier und da den Tanzfuß. (Merke: Ich bin Ostwestfale. Wir sind anatomisch nicht für ein Tanzbein geschaffen. Aber mit dem Tanzfuß wippen, das können wir. Aber nicht im Takt. Und nicht zu wild.) Wenn man nur von dem ganzen Bier nicht so oft aufs Klo müsste ...

# Sanitäre Fraternisierung

Wenn der Druck steigt und die einzige Klokabine im Club gerade von einem brünftig bumsenden Pärchen mit Verbalinkontinenz belegt ist, dann, ja, dann vergesse ich mal meine Sitzschiffererziehung und stelle mich ans Pissoir. Ich stehe da also und puller mir eins, als ein weiterer Stehpisser sich dazugesellt. Obwohl noch fünf weitere Pinkelbecken begierig ihre keramischen Mäuler aufreißen, platziert sich der Neuling natürlich direkt rechts neben mir und packt aus. Und als ob mir das nicht schon unangenehm genug wäre, wandert sein Blick entlang der Wandfliesen vor ihm langsam, aber unerbittlich zu mir rüber und dann nach unten. Einen Augenblick stiert er in stiller Meditation auf mein Gemächt.

»Boah, krass«, sagt er dann.

Leider nicht. Stattdessen wandert sein Blick wieder hoch, und er guckt mir ins Gesicht. »Und wie findest du die Thekenfrau? Die rothaarige, meine ich? Geiles Fahrgestell, wa? Über die würde ich gerne mal drübersteigen. Du weißt ja, was man über Rothaarige sagt: Ein rostiges Dach lässt auf einen feuchten Keller schließen. Die Bedienung würde ich bedienen, aber so richtig, das sag ich dir.«

... ??? ...

... ? ...

Was soll das?, denke ich. Was lässt solche Hirnis eigentlich denken, dass die Verrichtung eines Bedürfnisses gleich die Einladung zu sanitärer Fraternisierung darstellt? Ich starre ihn an und gebe ihm den Blick des qualvollen Todes, den ich als Kind beim Gucken von *Masters of the Universe* von Skeletor gelernt habe.

»Hör mal zu, du Lappen«, sage ich. »Nur weil wir uns das Pisszimmer teilen, heißt das nicht, dass wir Schniedelschwager sind. Behalt deine sexistische Kackmeinung für dich, und konzentrier dich auf das Halten deiner pieseligen Winznudel, da hast du genug mit Feinarbeit zu tun. Weißt du eigentlich, was man über Typen wie dich sagt? Ein hohles Dach lässt auf einen Tritt in die Eier schließen. Also mach den Kopp zu und den Blick nach vorne.«

Er guckt mich einen Moment ratlos an, dann erinnert er sich wohl an seine Zeit als Kriechdienstleistender bei der Bundeswehr, als man ihm Saufen, Gruppenwichsen auf der Stube und Kadavergehorsam beigebogen hat, und richtet seinen Blick kerzengeradeaus auf die Wandfliese vor sich.

Brav so, denke ich und würde am liebsten einen energischen Abgang hinlegen, aber meine Blase ist anscheinend der Fehlinformation aufgesessen, dass die Toilette gerade lichterloh in Flammen stehe und dringend gelöscht werden müsse. Statt zu gehen, lasse ich also laufen. Ganz schön meta, denke ich und dass ich keinen Schimmer habe, was »meta« eigentlich bedeutet.

Die Rammelgeräusche in der Klokabine erreichen inzwischen einen regelmäßigen Rhythmus, auf den man spontan freestylen könnte, wenn man freestylen könnte, was ich aber nicht kann. Dennoch wirkt der Bumsbeat irgendwie beruhigend auf mich, und ich vergesse meine Ambition, das Gesicht meines Nachbarn in sein Pissbecken zu rammen und ihn ein wenig vom Urinstein naschen zu lassen.

Dann kommt ein weiterer Geselle ins WC, um sich zu uns zu gesellen. Die Rechnung »vier freie Becken und ein strullbedürftiger Schwanz« lässt ihn zu dem Ergebnis kommen, dass er sich am besten an das Pissoir links von mir stellt. Ich fasse es nicht. Ich bin die Gurke im Idiotenburger. Er packt aus, legt los und spitzt die Lippen. Oh, Scheiße, ein Pfeifer, denke ich und dass ich beim ersten Flötenton den Händetrockner von der Wand reiße und ihn damit verdresche, bis ich der Meinung bin, dass seine Hände trocken genug sind. Aber er besinnt sich eines Besseren oder Schlechteren und stellt stattdessen eine Frage in den Raum: »Und habt ihr das Spiel heute gesehen? Klasse, was?« Ich habe keine Ahnung, welches Spiel er meint. Rommé? Monopoly? Mau-Mau? Dazu könnte ich vielleicht was sagen, aber es handelt sich wohl und übel um eine Fußballfrage, wozu ich nichts sagen kann und will.

»Neuer ist einfach eine Wand, da kommt kein Ball dran vorbei«, bestätigt der lebende Gegenbeweis der Evolutionstheorie meine Vermutung. Mein rechter Nachbar brummt zustimmend, und aus der Kabine keucht es: »Neuer ist der Beste!« Die Begattete ergänzt: »Oh ja, nimm mich, Manuel Neuer.«

»Aber ich bin gar nicht Manuel Neuer«, stöhnt ihr Beschäler. »Egal«, hört man sie, und beide steigern den Takt ihrer Begattung im Gedenken an den torwartenden Colaverkäufer. Wo bin ich hier nur gelandet?

Ich drehe mich zum Fußballexperten um. »Sag mal, welcher Bademeister hat denn deinen Genpool gechlort? Habe ich dich irgendwann oder in irgendeiner Form um eine Spielanalyse gebeten, du menschgewordenes Tofuschnitzel? Halt einfach den Rand, und konzentrier dich aufs Pissen.«

Er starrt mich mit einer Mischung aus Fassungs- und Ratlosigkeit an. Das könnte vielleicht daran liegen, dass ich mich zwar zu ihm umgedreht, das aber nicht zum Anlass genommen habe, mit dem Urinieren aufzuhören.

»Alter, du pinkelst mich an«, stottert er. Ich sehe ihn an, ich gucke runter, dann wieder hoch und sage: »Das ist richtig.«

»Uh, anpinkeln«, stöhnt die Klobumserin verzückt hinter der Toilettentür.

Dann schüttele ich ab, ohne den Blick von ihm abzuwenden, und verpacke mein Genital wieder in der Hose, gehe wortlos zum Waschbecken und wasche meine Hände in Unschuld und Wasser. Der Angepinkelte ist viel zu perplex, um irgendwas zu tun oder zu sagen. Er ist einfach ... na ja, angepisst.

In der Kabine kommen zwei Primaten zum Höhepunkt. Ein weiterer Gast betritt die Toilette. »Moin moin, Männer«, grüßt er viel zu laut und viel zu fröhlich. Sanitäre Fraternisierung in Vollendung. Ich spüre das dringende Bedürfnis, sein Gesicht anzuzünden. Dann stellt er sich an das Becken zwischen dem Angepissten und dem Möchtegernmacho und beginnt zu pinkeln. Einen Moment hört man nur das Rauschen von Wasser, postorgasmisches Keuchen und Strullergeräusche. Dann beginnt der Neuling, eine frohgemute Melodie zu pfeifen.

»Nun gut, wenn es denn so sein soll«, sage ich zu mir selbst und reiße den Händetrockner von der Wand.

Eigentlich bin ich gar nicht so. Na gut, vielleicht ein wenig. Aber seit einiger Zeit erlaubt mir mein Arzt sogar, meine Medikamente abzusetzen. Ich muss dann nur diese lustige weiße Jacke tragen, deren Ärmel man am Rücken zusammenbindet, und in dem Zimmer mit den weichen Wänden wohnen.

Nein, Blödsinn, jetzt sind wieder die Ponys mit mir durchgegangen.

Aber es stimmt schon, dass ich mich ganz gerne über allen möglichen Mist aufrege. Meine Lieblingsstimmungen sind Wut, Freude, Trunkenheit am Feuer, Festival und Melancholie. Melancholie finde ich super. Sie ist der Herbst unter den Stimmungen. Das ganze Jahr Herbst wäre kacke und deprimierend, aber so ein, zwei Monate Nebel, mit gelb-roten Blättern behangene Bäume oder braunes Laub am Boden und Zurückziehen in die kuschelige Zweizimmerhöhle, das hat was.

Melancholie ist was Schönes.

# Landung in Zürich

*Inspiriert von »Landing in London« (3 Doors Down feat. Bob Seger)*

Ich wache auf, als das Flugzeug auf der Landebahn in Zürich unsanft aufsetzt. Eine Dreiviertelstunde Flugzeit nur, aber ich bin dennoch eingeschlafen. Das wundert mich nicht, denn in der Nacht zuvor habe ich kein Auge zugemacht. An Schlaf war einfach nicht zu denken, nicht nach dem, was du zu mir gesagt hast.

Nach dem, was ich zu dir gesagt habe.

Bewegung verliert so lange Energie, bis sie zum Stillstand kommt, sagt die Physik. Die Physik eines Streites zwischen sich eigentlich Liebenden funktioniert nach anderen Prinzipien. Es beginnt mit der kleinstmöglichen Bewegung, einem falschen Wort, einem Tonfall, einem Blick, einem Schnauben oder einem Schweigen an der falschen Stelle und schaukelt sich dann hoch. Der Streit gewinnt Energie. Gleich einem nuklearen Sprengsatz stößt erst ein Teilchen an ein anderes, dann an noch eins, das an ein anderes, und in rasender Geschwindigkeit ist ein Prozess im Gange, den niemand mehr kontrollieren kann und der unweigerlich zu einer Detonation führt, die alles verbrennt und auf lange Zeit tödlich verstrahlt.

Bei uns ist die Explosion am Abend zuvor geschehen, und noch immer spüre ich ihre Nachbeben, winde mich in ihrem Fallout. An Schlaf war nicht zu denken. Matt und müde schleppte ich mich zum Flughafen. Noch bevor der Flieger die Triebwerke aufheulen ließ, war ich in dem bequemen Sessel eingeschlafen. Auf dem Flug von Düsseldorf nach Zürich verpasst man nicht viel. Erst steigt das Flugzeug, dann ist es auf Flughöhe, die Flugbegleiter verteilen eilig schlecht schmeckende Gratisbrötchen und Getränke, und noch vor dem letzten Bissen geht es schon wieder in den Sinkflug. Man verpasst nichts. Der Ausblick ist stets der gleiche, hauptsächlich sehr viel Himmel.

Ich weiß noch, wie ich auf meinen ersten Flügen gespannt und fasziniert am Fenster klebte, diesen wohligen Grusel verspürend, dass mich nur eine dünne Blechwand von diesem endlosen Sturz in die Tiefe trennte, die Wolken unter mir betrachtend, den Himmel, der sich wie ein auf dem Kopf stehender Ozean überallhin erstreckte, oder die Tragflächen beobachtend, wie sie sich hin und wieder bogen und man sich fragte, ob gleich der Augenblick kommen würde, an dem sich die Theorie von Geschwindigkeit und Auftrieb als haltlos erweisen und man wie ein Stein zu Boden stürzen würde. Früher fand ich das faszinierend. Erstaunlich, wie schnell sich der Mensch an das Faszinierende gewöhnen und es zur Normalität degradieren kann. Ich vermisse diese Faszination, aber sie lässt sich nicht gewollt und künstlich wiedererwecken. Sie ist fort, nur noch eine Erinnerung.

Als Musiker fliege ich viel. Es gehört zum Beruf. Wir haben uns gestritten, und ich war regelrecht froh, dass ich am nächsten Tag wegkonnte. So weit wie möglich weg vom Ground Zero unseres Streites. Weg von dir. Ich gehe durch die Gangway und in den Züricher Flughafen hinein. Vor einer Fensterscheibe bleibe ich stehen und starre stumm auf das Rollfeld hinaus. Abstand gewinnen. Sechshundertfünfzig Kilometer sollten reichen, hatte ich gedacht, doch die Strahlung unserer Explosion erreicht mich immer noch. Ich presse den kleinen Instrumentenkoffer mit meiner Klarinette darin an meine Brust. Das Atmen fällt mir schwer.

Ich gelte als Könner auf der Klarinette. Zum Genie hat es nicht gereicht, ebenso wenig zum Wunderkind. Aber ich komme zurecht, und ich komme herum. Ganz Europa, hin und wieder Japan. Einmal Südamerika. Heute Zürich. Mal wieder. Ich spiele gerne hier. Mit dem Ensemble bin ich vertraut, es genügt, wenn wir nachmittags noch einmal proben, mehr ist nicht vonnöten, wir sind gut eingespielt.

Das Konzert ist ausverkauft, wir spielen ein Potpourri jazzig bearbeiteter Klassikstücke. Ich habe mehrere Soli, wir werden beklatscht, verneigen uns artig, der Vorhang schließt sich. Zufrieden bin ich nicht mit mir. Verspielt habe ich mich nicht, aber das war nur Abliefern, nicht Fühlen. Musik ohne Gefühl ist wie kaltes Fleisch. Ich habe mich wie ein Fremdkörper auf der Bühne gefühlt und will nur noch weg, aber ich muss noch geschüttelte Hände, leidenschaftslose Huldigungen, formelles Lob und Sektchen hier, Sektchen dort über mich ergehen lassen. Das gehört zum Job, wenn man weiter engagiert werden will. Netzwerken. Im Netz gefangen sein. Ich will nur noch ins Hotel.

Ich hätte Klarinettenlehrer werden sollen, so wie Thomas, mein Mentor. Er war begnadet an dem Blasinstrument, sein Spiel konnte den Zuhörer zu Tränen rühren oder zum Tanzen verführen, manchmal zugleich. Doch er wollte nicht auf die Bühne, wollte sich nicht an das Publikum verfüttern für Applaus und hohles Lob. Er war glücklich damit zu lehren. Ich war sein Schüler und sein Bewunderer. Sechzehn Jahre unterrichtete er mich, und ich lernte das Spiel, und ich lernte, ihn zu lieben wie einen zweiten Vater, bis er mich eines Tages ansah, als ich ihm eine Eigenkomposition vorspielte und er mit leiser Stimme sagte: »Das war's. Ich kann dir nun nichts mehr beibringen. Verschwinde, und komm nicht wieder.« Er sagte dies nicht böse oder gemein, sondern voller Stolz und mit Melancholie. Ich ging und nahm nie wieder Unterricht bei ihm. Hin und wieder trafen wir uns und spielten Duette nur für uns, und mit Freude bemerkte er, dass ich ihn übertraf. Dann wurde er von einem zurücksetzenden Bus übersehen und überrollt.

Zu seiner Beerdigung ging ich nicht, das hätte ich nicht ertragen. Irgendwann habe ich sein Grab besucht, du warst dabei an meiner Seite. Sonst hätte ich es wohl nicht geschafft. Die Stätte war erschreckend schlicht. Kein Bild, kein Wort kündete davon, welches Genie hier lag, welch wunderbare musikalische Seele verloren war. Nur Name und Daten und polierter Marmor, der wie ein dunkler, wuchtiger Grenzstein die Linie zum Verlust markierte.

Ich bin endlich im Hotel. In der Stille des Zimmers stehe ich an einem kleinen Schreibtisch. Vor mir mein geöffneter Klarinettenkoffer. Sanft streiche ich mit meinen Fingerkuppen über das auseinandergebaute Instrument, jeder der fünf Teile sorgsam in rotem Samt eingebettet. Ein teures Instrument, meinen Bedürfnissen angepasst, Blatt, Mundstück, Klappen, einmalig und mir verbunden wie ein Teil meines Körpers. Und jetzt harmonieren wir nicht mehr. Ich kann sie spielen, doch ich kann ihr nur Töne in der richtigen Reihenfolge, aber keine Musik mehr entlocken. Musik braucht Seele, und meine ist gestern verbrannt, zumindest fühlt es sich so an. Ich schließe das Köfferchen, und wieder bekomme ich Atemnot. Was, wenn ich sie nie wieder spielen kann? Wenn ich meine Gabe vollends verloren habe?
Ich muss raus.

Die Nacht ist schön. Ein klarer Himmel spannt sich über die Stadt. Ich bleibe auf einer steinernen Brücke stehen. Der Fluss unter mir wirkt wie ein Spiegelbild des Himmels über mir.
Schwarz.
Unendlich.
Was ich zu dir gesagt habe, tut mir unendlich leid.
Was du zu mir gesagt hast, tut mir unendlich weh.
Es gab eine Detonation, und nun ist es vorbei. Wir haben es nicht ausgesprochen, du bist einfach gegangen. Kein Wort mehr

nach zu vielen gesagten Worten. Kein Abschied. Ich klettere auf die Brüstung, sehe hinab ins Dunkel. Der Rest ist fallen lassen. Das Flugzeug stürzt ab. Mein Inneres scheint nach oben zu drängen, der Wind reißt an mir. Dann ein harter Aufprall auf sonst so weich scheinendem Wasser. Er raubt mir beinahe die Besinnung. Das Eintauchen, Kälte schlägt auf mich ein, tosender Lärm in meinen Ohren und Dunkelheit. Dann Schweben, einen Moment lang das Gefühl völliger Schwerelosigkeit. Die Strömung erfasst mich, zerrt mich weg, wirbelt mich umher. Keine Ahnung, wo oben oder unten ist, ich strampele und unterdrücke mühsam den Drang zu schreien. Im Schwarz des Dunkels stoße ich an etwas, und grausam drängt sich mir der Gedanke auf, dass dies der Grund des Flusses sein muss, und mir wird klar, dass ich sterben werde. Dass ich nicht sterben will. Mein rechter Arm bewegt sich plötzlich mit einer Leichtigkeit, die dem Rest meines Körpers nicht vergönnt ist. Er bewegt sich in Luft. Ich zwinge meinen Kopf ihm nach, durchstoße die Oberfläche und ringe nach Atem. Vor mir ragt dunkel eine Ufermauer empor, an der mich die Strömung entlangtreibt. Ich sehe eine Trittleiter nahen und greife nach ihr, ziehe mich hoch, röchele, kämpfe, klettere. Ich ziehe mich auf die rettende Mauer und liege nass und halb tot auf Asphalt, und es fühlt sich an wie das komfortabelste Bett. Ich weine. Ich will nicht leben ohne dich. Und ich will nicht sterben. Wo soll ich hin?

Ich erwache, als das Flugzeug in Düsseldorf auf der Landebahn aufsetzt. Ich bin wieder eingeschlafen. Ich bin zurück. In einem Leben, das ich von nun an ohne dich führen soll. Ein verheertes Leben, zerstört und verstrahlt. Ich wäre noch gerne etwas länger in Zürich geblieben, ein paar Tage. Vielleicht für immer. Doch der Flug war gebucht, das hattest du für mich vor Wochen erledigt, und der nächste Auftritt ist arrangiert. Gefangen im Netz. Ich warte, bis fast alle anderen Passagiere die Maschine verlassen haben, dann folge ich ihnen. Hohl klingen meine Schritte in der Gangway. Hohl, wie ich mich fühle. Ich trete in die Empfangshalle. Dort stehst du. Du siehst mich an. Traurig. Verloren. Ich gehe zu dir, langsam und unsicher. Wir stehen voreinander. Sprachlos. Wortlos. Schließen uns in die Arme. Fest und sehr lange. Wir stehen dort, ineinander vergraben, halten uns wie Ertrinkende. Um uns herum Menschen, die warten oder in Bewegung sind, wenige gemächlich, die anderen gehetzt und gestresst. Manch einer freut sich auf den Kurzurlaub auf einer Insel, wo gefeiert wird, andere auf erholsame Ferien oder eine Entdeckungsreise. Viele sind auf Geschäftsreise, einem Kurztrip oder auf dem Weg in ein neues Leben. Die einen sind ein paar Tage fort, andere Wochen, Monate oder Jahre. Und ein paar kehren nie wieder zurück.

Und damit kommen wir zum letzten Text dieses Buches. Und wie das so ist, am Ende blickt man wahlweise wehmütig in die Vergangenheit zurück oder fragt sich, was die Zukunft so bringt. Da ich kein Nostalgiker bin, hopsen wir doch gemeinsam in die TARDIS und statten dem Jahr 3000 einen kleinen Besuch ab.

# Once Upon a Time in the Space (Lesebühne 3000)

Ich wache auf. Es klingelt an der Luftschleuse.

»Scheiße«, denke ich und gucke auf den Wecker. Sternzeit 3026,76 steht da. Und ich wollte doch durchschlafen bis 3026,79. Es klingelt erneut. Ich schlurfe zur Schleuse und öffne sie. Zwei Typen in der Kluft der *Wirklich Allerletzten Zeugen* grinsen mich debil an. Sie sind die letzte Sekte im Universum, aber sie weigern sich beharrlich einzusehen, dass Religion keinen mehr juckt. Zumindest in der Hinsicht haben sich die Verhältnisse gebessert.

»Hallo«, säuselt der eine los. »Wir kommen von der Hyperholy Church of the Last Command of Fuck-you-that's-why, und wir würden gerne mit Ihnen fünf Minuten über den *King* sprechen!« Sie wippen aufgeregt, und um ihre Hälse wackeln die Kruzifixe mit ihrem Erlöser in hüftschwingender Pose.

»Elvis Presley ist ein Mythos«, sage ich und knalle die Luftschleuse zu. Durch das Glas kann ich beobachten, wie die beiden enttäuscht wieder Helme aufsetzen, ihre Seite der Schleuse öffnen und zu ihrem rosa Weltraum-Cadillac zurückschweben. Ihre strassbesetzten Kragen sind hochgeklappt und glitzern im Licht der Zwillingssonnen. Idioten, denke ich, jeden Tag beten sie sechsmal in die Richtung, in der sie die Graceland-Galaxie vermuten, und bitten um die Wiederwiederauferstehung von Elvis. Dabei weiß doch jeder, und damit meine ich die Wikicloud, dass Elvis Presley eine Figur in einem Anime aus dem mittleren 21. Jahrhundert war.

seine Persönlichkeit in die Cloud hochladen kann, um auch nach dem Tod noch anderen auf den Sack zu gehen. Ich würde Bill Gates' Upload deswegen gerne die Leviten lesen, aber leider ist sein digitales Ego bei einem schweren Ausnahmefehler während der Installation eines Windows-Updates ums Leben gekommen. Die einen sagen, die Erben wollten nicht noch vier Jahrhunderte auf die Milliarden Bitcoins warten, andere behaupten, Windows 800 wäre ein bisschen fehlerhaft gewesen. Wer weiß das schon?

»Trägst du denn auch brav die dicken Socken, die deine Oma dir ausgedruckt hat?«, fragt Muttern. Ich stöhne.

»Ja, klar. Hab ich an. Sind super.«

Sie nickt wissend. »Ich wette, es ist ganz schön kühl bei dir. Nicht dass du dich erkältest.«

»Mama, es gibt schon seit fünfhundert Jahren keine Erkältungen mehr«, wiki ich sie an. Sie bringt daraufhin das Argument, das Mütter bereits seit Jahrtausenden aus dem Effeff beherrschen: »Trotzdem!«

Ich seufze. Mutter setzt eine besorgte Miene auf. »Wie geht's dir denn so allein?«

Ich zucke mit den Schultern. Vor drei Wochen hatte mich meine Ex abserviert.

»Geht so. Allerdings hätte ich echt nicht gedacht, dass Ulrike-Jacqueline-Dodo es wortwörtlich meinte, als sie sagte, sie würde mich am liebsten auf den Mond schießen. Und dass dieser Mond so weit draußen im Aldi-Quadranten liegt. In der Discount-Galaxie ist echt nicht viel los. Das Aufregendste war noch, dass mein Mond von einem Primark-Planeten gerammt wurde. Zum Glück sind die Dinger nicht besonders stabil und fallen immer gleich auseinander. Allerdings gab es einen ziemlich unschönen Schauer aus Müllmeteoriten.«

Muttern nickt. »Du machst das schon, mein Kleiner. Du weißt ja, der Upload deiner Mutti wird dich immer lieb haben.«

»Ja, ja ...«

»Immer und ewig«, ergänzt sie zuckersüß und dennoch unheilvoll.

»Ja, ja ...«

»Ich muss jetzt Schluss machen. Ich treffe mich heute mit dem Upload eines sehr attraktiven Herren. Er will mir seine Accounts zeigen, und wer weiß, vielleicht reiben wir heute noch ein bisschen unsere Binärcodes aneinander.«

»MAMA!«

»Tschüssi.« Sie legt auf.

»Ja, ja«, sage ich und meine es ein bisschen auch genau so. Ich brauche mehr Kaffee. In der Küche schlucke ich noch ein Koffeinpapier. Essen sollte ich auch mal was, also nehme ich noch ein Paper, das Müsli simuliert. Ich kriege eine SMS. Von meinem Kühlschrank. Er sagt, meine Mutter hätte ihm gesagt, er solle mir sagen, dass ich auch mal was Echtes essen solle, von diesem Paperzeug werde doch keiner satt. Ich will gerade antworten, dass ich durchaus vernünftig esse, als ich höre, wie die Luftschleuse geöffnet wird. Ich sehe nach. Mein Staubsauger steht vor der Schleuse. In einem seiner Lüftungsschlitze steckt ein Stock, an dem ein zusammengebundener Staubsaugerbeutel hängt.

»Och nö«, stöhne ich. »Nicht du auch noch.« Aber Tatsache, auch mein Staubsauger macht Schluss mit mir. Ihm sei es viel zu sauber bei mir, er fühle sich nutzlos und vernachlässigt. Er piepst zum Abschied leise Servus, dann ist er fort. Ich seufze.

Ich brauche etwas Gesellschaft und logge mich bei SpaceBook ein. Der Upload von Mark Zuckerberg klärt mich darüber auf, dass ich seit gestern unbesehen siebzehn neue AGBs akzeptiert und morgen den Besuch eines Arztes zu erwarten habe, der meine linke Niere einkassiert. Mist, ausgerechnet meine Lieblingsniere. Ich nenne sie Siegfried. Die andere heißt Roy. Das waren zwei sehr berühmte Tiger im 20. Jahrhundert, die als Magier sehr erfolgreich waren, bis einer von ihnen von einem Menschen gefressen wurde. Was man nicht alles in der Wikicloud lernen kann.

Ich habe drei neue Freundschaftsanfragen, dafür hat mich mein Staubsauger auf Igno gesetzt und bei der Liga zur Gleichberechtigung von intelligenten Haushaltsgeräten angeschwärzt. Oh, das kann noch Ärger geben. Seit Katzen und niedliche Hunde mit Menschen gleichberechtigt sind und das Posten von Katzenvideos als Verbreitung von Pornografie geahndet wird, muss man bei so was vorsichtig sein.

Bzzz bzzz.

Mein Gehirn brummt die Melodie des intergalaktischen Friedens: »Looking for Freedom«. Der Newsfeed verkündet, dass morgen ein neuer iRoom erscheint, mit dreihundert neuen Apps und etwa doppelt so groß. Hui, das wird teuer. Das war's dann wohl für Roy. Aber Apps sind nunmal wichtiger als innere Organe. Außerdem kündigen die Uploads der *Rolling Stones* ihre »jetzt-aber-wirklich-echt-ganz-ohne-Scheiß-und-ganz-ganz-ehrlich-echt-ernst-gemeint-allerallerletzte Tour« an. Ich schreibe meinen SpaceBook-Freunden, ob wir uns im Konzertstream treffen, aber SteffiBot2989 meint, es wäre schon ausverkauft. So ein Mist. Mein Kühlschrank lacht hämisch, er hat noch einen Platz gekriegt. Na, toll. Ich glaube, ich werde heute Abend in die Kneipe-on-Demand gehen und mich mit der Simulation eines guten 18-minütigen Whiskys abschädeln. Ich bekomme eine Nachricht. Ich habe anscheinend galaxieweit Hausverbot in allen Gastronomiechats. Man will dort nichts mit Haushaltsgeräteschändern zu tun haben.

Ich seufze. Moderne Technik ist ja gut und schön, aber sie schafft auch viele Probleme. Ob man es damals, im 21. Jahrhundert, auch so schwer hatte? Ich glaube kaum.

So, das war's dann. Danke für eure Aufmerksamkeit. Und tschüss!

Wie jetzt?

Immer noch da?

Noch keinen Bock, was Sinnvolleres zu machen, wie WhatsApp-Nachrichten zu checken, eine pädagogisch wertvolle Castingsendung anzuschauen oder hingebungsvoll zu masturbieren? Ihr wollt mehr?

Aber ich hab doch schon das ganze Buch vollgeschrieben! Wisst ihr eigentlich, wie viel Arbeit das ist? Dafür sind locker zwei, drei Nachmittage draufgegangen. In der Zeit hätte ich auch ein fetziges Puzzle puzzeln können, einen Sauerbraten braten oder Wäsche waschen. Und trotzdem soll es noch mehr sein?

Na gut, einen noch, aber dann ist endgültig Feierabend. Ich will heute noch masturbieren.

# Scheiß Zugabe

Hunde fressen so lange, bis nix mehr geht. Das ist einerseits verständlich, durften sie anno Pflaumenpfingsten doch als Wolf in der Wildnis kein bisschen erlegten Wildes verschwenden, wer weiß, wann es wieder was zu jagen gibt. Andererseits ist es etwas würdelos, wenn er da mit vollgefressener Wampe, hechelnd und bewegungsunfähig darniederliegt, aber das interessiert den Hundewolf vermutlich herzlich wenig. Wer vor Freude fast ausflippt, weil der Besitzermensch wieder nach Hause kommt, der einen vorher stundenlang in der ranzigen Einzimmerwohnung alleine eingekerkert hat, macht sich vermutlich wenig Gedanken um Würde.

Menschen sind keine Hunde. Das wird jeder halbwegs seriöse Biologe bestätigen können. Trotzdem kriegt auch der Mensch den Hals nicht voll, was man gerade als Bühnenkünstler besonders merkt. Da hat eine Band drei Stunden lang schweißtreibendsten Rock'n'Roll auf die Bretter gelegt, die Musiker stehen sichtlich kurz vorm Kollaps, im Auditorium sind mehr Leute umgekippt als Steine am Domino-Day, und was fällt dem Publikum zu dieser Situation ein? Es brüllt: »ZUGABE!«

Anstatt: »DANKE!«

Und natürlich gibt es noch eine Zugabe, meistens sogar die größten Hits, damit die Party noch mal so richtig abgeht. Wozu es dafür erst mal eine künstliche Pause braucht, lang genug, um die Stimmung zu killen, aber zu kurz, um Bier zu holen, bleibt ein Geheimnis der Musiker. Die Zugabe ist fest im Set eingeplant. Das macht sie zu etwas Gewöhnlichem. Ich muss zugeben, dass ich bei Livelesungen ebenfalls der Versuchung erliege, einen oder zwei Texte extra bereitzulegen für den Fall der Fälle. Manchmal möchte ich mir dafür selbst eine reinhauen.

Schon schlimm genug, dass Filme in letzter Zeit nicht mehr zu Ende sind, wenn sie zu Ende sind. Bis nicht alle Lichter im Kino aus sind, kann man sich nicht sicher sein, ob nicht noch eine Szene kommt, die zum Verständnis der Fortsetzung wichtig ist, die so sicher kommt wie das »Heil Satan« auf einem Black-Metal-Konzert.

Sehr schön war mal ein Konzert der Combo *The International Noise Conspiracy*, die generell für klare Haltungen bekannt war. So nahm es nicht Wunder, dass der Sänger nach etwa dreißig Spielminuten erklärte, sie fänden Zugaben »unnötige Rockstarscheiße«, aber da man ja nicht drum herum käme, würde man sie einfach jetzt schon spielen, und das Publikum könne sich dann das unselige Gebrülle am Ende sparen. Eine Show hat einen Anfang und ein Ende, basta. Und sie haben es durchgezogen, und nicht ein Zuschauer hatte das Gefühl, etwas zu verpassen. Warum auch?

Eine Band sollte sich Gedanken über die Setlist machen, einen knackigen Anfang kreieren, einen schönen Spannungsbogen und dann das alle Tanzbeine zum Schwingen bringende Finale, am besten mit einem aufs Äußerste ausgedehntem Hit, der den kollektiven O(h)rgasmus in der Menge auslöst und so manchen Schlüpper völlig durchweicht hinterlässt.

Es ist immer äußerst peinlich, wenn niemand eine Zugabe einfordert und die Band deswegen ihren geplanten Höhepunkt gar nicht spielen kann oder, was noch entwürdigender ist, unter tosender Stille wieder auf die Bühne zurückschleicht und die Zugabe selbst einfordert. Ein Trauerspiel. Bei einem Set mit Ende und Anfang passiert das nicht.

Der ursprüngliche Gedanke hinter der Zugabe war nicht,

noch mehr zu hören, es ging um Vorhänge. Wenn man mit einem Theaterstück und der Leistung des Ensembles zufrieden war, klatschte man sich die Hände in Streifen, bis der Vorhang erneut aufgezogen wurde und sich die Schauspieler ein weiteres Mal zeigten und verneigten. Je öfter der Vorhang wieder gelüpft wurde, umso erfolgreicher war das Stück. Da ist keiner auf die Idee gekommen, noch einen Bonustrack hinterherzuschieben.

»Oh, Diggi, die Leute flippen ja voll aus. Hat Shakespeare nicht noch eine Zugabe geschrieben?«

»Ja, klar, Romeo und Julia wachen wieder auf, stellen fest, dass sie Abführmittel statt Gift getrunken haben und verbringen ihre Flitterwochen auf einem Gemeinschaftsklo in Palermo.«

»Sweet, dann lass uns den Leuten geben, was sie wollen.«

»Läuft.«

Nein, das Paar war tot, die Show zu Ende.

Ich stelle mich auch nicht beim Bäcker vor den Tresen, warte, bis die bestellten drei Brötchen in der Papiertüte gelandet sind, und plärre dann im Einmannchor: »Einer geht noch, einer geht noch rein!«

Wie würde es aussehen, wenn nach dem Champions-League-Finale die Menge eine dritte Halbzeit einfordern würde, weil es doch so schön war?

Oder wollt ihr im Bus an der Endhaltestelle noch zwei Zusatz-stationen vom Fahrer erbetteln?

Das macht keiner, und wenn doch, wird er von freundlichen Mitarbeitern der örtlichen psychiatrischen Anstalt zu einem sechswöchigen Erholungsurlaub mit Gratismedikation eingela-den. Gerne auch mit Zugabe.

Zugaben fordern heißt auch, den Künstlern zu signalisieren, dass man mit ihrer bisherigen Leistung an dem Abend noch nicht zu hundert Prozent zufrieden war. Sonst könnte man ja einfach von Wohligkeit erfüllt und Honigkuchenpferde grin-send nach Hause oder in die nächste Bar wanken, um dort mit anderen Besuchern selig wissend das gerade Erlebte zu reflektieren.

Hier gibt's keine Zugabe, ich denke, ich habe sachgerecht zerfickt, und sollte es anders sein, empfehle ich euch, ein zweites Exemplar dieses Werkes zu kaufen, die zu bemängelnden Stellen zu markieren und es zu meinen Händen an den Verlag zu schicken. Dann haben wir alle was davon.

Ich selbst habe für dieses Mal fertig.

Jede Show, jedes Werk, jede Platte braucht nicht mehr als einen guten Anfang, einen schönen Spannungsbogen und ein gutes

ENDE.

Tschüss!

»Total albern und lächerlich«, murmele ich, und meine implantierten Katzenschnurrhaare zucken verächtlich. Implantierte Tierhaare sind zwar totaler Hipsterkram, aber ohne braucht man sich auf dem Prenzlauer Planet gar nicht erst blicken lassen.

Ich stöhne und überlege, ob ich mich wieder schlafen lege, aber wenn ich schon mal wach bin ... Ich gehe in die Küche und ordere vom System einen Kaffee. Sofort erscheint im Maker ein viereckiges Stück weißes Papier. Ich lege es auf meine Zunge, und sofort füllt sich mein Mund mit leckerem Caffè Latte Karamell-Litschi. Ich will es mir gerade gemütlich machen, da werde ich schon wieder gestört.

Mein iRoom klingelt.

Ich gehe rüber in das größte Zimmer meiner Wohnung, um zu gucken, wer anruft. Witzig, wenn man bedenkt, dass die Leute früher ihre Smartphones mit sich rumgeschleppt haben. Wie umständlich und primitiv. Wo haben die denn bitte schön ihre ganzen Apps untergebracht? Aber inzwischen sind wir klüger. Wir wohnen jetzt in unseren Telefonen. Ich betrachte die Wände um mich herum mit all den kleinen App-Symbolen. Verflucht, wo war jetzt noch gleich die verkackte Telefonfunktion? Ganz links oben entdecke ich sie und zwinkere ihr zu. Sie öffnet sich und zeigt den Anrufer an: »Mama«. Der Upload meiner Mutter, na toll.

»Annehmen«, sage ich und: »Hallo, Mama.«

Die grafische Darstellung meiner Mutter zum Zeitpunkt ihres Todes erscheint in UMHSDASWVHDTV (Ultramegahypersuperduperabersowasvon-HDTV).

»Wie geht's meinem Knuffelpuffel?«

Sie ist jetzt schon dreißig Jahre tot, aber sie kann es sich immer noch nicht abgewöhnen, mich »Knuffelpuffel« zu nennen, obwohl sie genau weiß, wie sehr ich das hasse. Oder genau deswegen, Mütter sind in dieser Hinsicht etwas eigen. Ich weiß auch, ehrlich gesagt, nicht, ob es eine so gute Idee war, dass man

Micha-El Goehre, westfälischer Geschichtenerzähler und Metal-Kolumnist, versammelt hier seine besten Lesebühnen- und Slam-texte: bodenständiger Humor, bodenlose Albern- und Gemeinheiten sowie überraschend wehmütige Short Storys.

Ob er von Glückskeksmomenten, »Pärchenscheiße« oder Pubertäts-katastrophen berichtet, ob er am Strand von Badalona seine Hose verliert oder 112 Wege ersinnt, seine Ex-Freundin zu töten: Goehre schreibt schnörkellos, mit eingängigem Witz und gelegentlich melancholischen Untertönen. Eine Textsammlung zwischen Kalau und Poesie und immer nah am Leben.

Inklusive dem »Tagebuch eines Black-Metal-Fans« in seiner vollen, furchterregenden Länge!

**Micha-El Goehre**
**Wenn das Leben kein Ponyhof ist,**
**warum liegt dann Stroh in der Ecke? (Geschichten)**
Broschiert, 160 S., 11,90 €, ISBN: 978-3-944035-39-0

# Die JUNGSMUSIK-Trilogie von Micha-El Goehre:

### Band 1: Jungsmusik (2011)
### Band 2: Höllenglöcken (2013)
### Band 3: Straßenköter (2018)

Sechs Heavy-Metal-Fans in den Mittzwanzigern treffen auf den Ernst des Lebens, der mit zunehmender Ungeduld an ihre Türen klopft. Eine Coming-of-Age-Saga der anderen Art: Härter. Metallischer. Und komischer.

*»Goehre führt tief hinein in die durchritualisierte Welt der Metaller-Szene, versteht es aber gleichzeitig, auch Nicht-Metaller für seine Figuren zu interessieren. Und Goehre hat Sprachwitz.« (Mitteldeutsche Zeitung)*

*»Ein unterhaltsames Cliquenporträt.« (WDR 1Live)*

Micha-El Goehre
Jungsmusik. Höllenglöcken. Straßenköter (Romane)
293 S./303 S./288 S., broschiert, je 14,90 €
(auch als Set für 36,66 € erhältlich; auch als E-Books)